ペギー・キュウ
邱 珮宜

ペギーさんの台湾朝ごはんとおやつ

聯強電信聯盟
中華電信
遠傳電信
台灣大哥大
光全隱形眼鏡
暢貨中心
麻古茶坊
CON
咖啡控 COFFEE CON
WE ARE COFFEE CON
鐵板燒

燒餅油條
飯糰
豆漿 米漿 鹹豆漿
本店採用自助式
請先付款再用餐
謝謝您!
歡迎光臨
油條
湯包
興福記永
和豆漿大

はじめに

「台湾朝ごはんとおやつ」。今回、やっと、このテーマにたどり着きました！

一般的な台湾料理ももちろんおいしくて楽しいですが、朝ごはんとおやつを作るときの気持ちは格別です！　私もとってもテンションが上がってしまいます。

日本やオーストラリアに留学をしていた若かりし頃、食べたくても売っている店がなくてあまり食べることができず、一番恋しかったのが、台湾の朝ごはんとおやつ系でした。だから本書を手に取ってくださった日本の皆さんが台湾朝ごはんとおやつを作りたいと思う気持ちがとってもよくわかります。

粉物料理やスイーツ、と聞くと、なかなか手間がかかって作るのが大変！というイメージがあると思います。そんなときこそ、私のチャレンジ精神が燃えてきます。日本でも普通に作って食べたいという思いは私も同じ。なので、お家で気楽に作れないかというテーマに挑むことにしたのです。

レシピをシンプルにするために一番苦労したのは焼きパイなどの粉物系。日本と台湾では小麦粉と水に違いがあり、食感や香りなどに納得するまで試作を繰り返しました。また、市販の豆乳や小豆あんなどを使うことで作りやすくしています。

コロナ禍でオンラインレッスンを受けてくれた皆さんからは、朝ごはんとおやつのリクエストがたくさんありました。本書の中で紹介しているのは、それらのレッスンを通して、日本の皆さんのご意見なども参考にしながらまとめたレシピでもあります。

実は台湾の家庭では朝ごはんをお店に食べに行ったりテイクアウトしたりすることは当たり前の習慣でもあります。なのでこの本のオファーをいただいたとき、台湾の親戚や友人たちに話すと「え！ 朝ごはんのあれを家で作れるの!? 買って食べるものでしょ！」と皆一様に驚いて大きな話題になりました。大丈夫です！ 皆さんが簡単に作れるレシピを考えました。

台湾人が愛してやまない台湾朝ごはんとおやつを、〝日本〟で作ってみましょう！

目次

本書の使い方

- 材料は料理によって作りやすい分量を掲載しています。
- 大さじ1は15㎖、小さじ1は5㎖、1カップは200㎖、1合は180㎖（炊飯器に付属のカップ利用）です。
- 火加減は特に記載のない限り中火です。
- しょうゆはキッコーマン「特選 丸大豆しょうゆ」、酢は米酢（色の浅いものがおすすめ）、酒は日本酒（辛口）を基準にしています。
- サラダ油とあるのは一般に使用する調理油のこと。ごま油を使うときはそのつど表記しています。
- 青ねぎとあるのは、九条ねぎやわけぎなど葉の緑の部分が多いねぎを指します。
- 使う道具は、一般的なフライパン、鍋、ボウル、菜箸などです。鍋の大きさは材料の分量に合わせてお選びください。電子レンジやオーブントースター、オーブンを使う場合は、機種に合わせて加熱時間等を調整してください。このほか蒸し器など、特殊な道具を使う場合は、それぞれで判断してください。
- かき氷用の氷を作るときは、日本の一般的な家庭用かき氷器を使用します。付属の専用製氷器で作った氷を使用してください。
- 生地の発酵時間は目安です。室温が高いと発酵が早く、低いと遅くなります。生地の状態を見て判断してください。

アートディレクション 狩野 聡子（tri）
撮影 原 ヒデトシ
スタイリング 諸橋 昌子
料理制作アシスタント 廣瀬 綾子
DTP キャップス
校正 麦秋アートセンター
撮影協力 UTUWA、ドウシシャ、金陽、統一超商東京マーケティング
編集 高尾 真知子
大矢 麻利子（KADOKAWA）

一章

台湾朝ごはん

出来たてをどうぞ

〝出来たて熱々〟は台湾朝ごはんの醍醐味です。

ほとんどの台湾人は朝ごはんを家で作りません。朝食店で自分好みのメニューを注文し、店の人がその場で作ってくれた出来たての料理を持ち帰って、家や学校、職場などで食べます。この朝食スタイルは、台湾ならではの食文化として外国人観光客からも大変人気です。

台湾の街を歩くと至る所に朝食店があり、2018年には朝食店がコンビニの数を上回りました。昔からこんなにたくさんあったわけではな

く、朝食メニューもお粥やさつまいもなど質素なものでした。1950年代、国民党政府とともに台湾に移住する外省人が増えると、徐々に豆乳や焼きパイが登場し始めました。また米軍の飲食文化も台湾に根付き、西洋式のサンドイッチなどが大人気に。台湾の朝食シーンにバリエーションをもたらしました。

　観光客の皆さんが驚くのはその種類の多さ。台湾の朝食は大まかに分類すると、台湾式の「台式早餐《ザオツァン》」、中華式の「中式早餐」、西洋式の「西式早餐」という3つの種類があります。

「台式早餐」…代表的なメニューには、お粥、大根餅、ちまき、麺線、米粉湯《ビーフンスープ》など。

「中式早餐」…焼きパイ、豆乳、揚げパン、蒸しパンなど、小麦で作るものが多めです。

「西式早餐」…サンドイッチ、ハンバーガー、鉄板麺など、鉄板料理が多め。

　台湾で進化を遂げた自慢の朝食、ぜひ日本でも作って食べてみてください！

鹹豆漿《シェンドウジャン》

豆乳スープ

日本人が大好きな「鹹豆漿」を
すし酢やしば漬けなど
日本の家庭で一般的な調味料と食材で
簡単にできるようにしてみました。
揚げパンがあれば再現度は完璧。
かつお粉が味の決め手です！

材料｜1人分

無調整豆乳（大豆固形分9％以上）
…1カップ

A
- すし酢…大さじ½
- しょうゆ…小さじ1
- ごま油…少々
- かつお粉…1つまみ

B
- しば漬け…少々
- 高菜漬け…少々
- 桜えび…少々
- 揚げパン（p.14、輪切り）…½本分
- パクチー…適量

ラー油…適量

作り方

1 器にAを入れる。

2 豆乳を鍋に入れて火にかけ、沸騰したら1の器に一気に注ぐ。

3 Bを盛り、ラー油をかける。

ペギーさんのお楽しみ

鹹豆漿加蛋《シェンドウジャンジャーダン》

卵豆乳スープ

豆乳スープの作り方1で、最初に器に卵を入れてよく混ぜてからAを入れます。卵が入るとまろやかで茶碗蒸しのようなやさしい味わいに！

一章

台湾朝ごはん

油條

ヨウティアオ

揚げパン

台湾朝ごはんの大事な脇役、「油條」。
外側はカリッと、中はふわっ！
前日に準備して、翌朝に揚げるだけ。
私のレシピ史上一番の作りやすさ。
揚げ物に慣れている日本人に
ぜひ一度作ってほしいです！

材料｜5〜6本分

A
- 薄力粉 … 50g
- 強力粉 … 50g
- 重曹 … 小さじ¼
- ベーキングパウダー … 小さじ½

- 塩 … 小さじ¼
- 牛乳 … 75mℓ
- サラダ油 … 大さじ½
- 打ち粉（強力粉）… 適量

朝食店では生地から成形してその場で揚げたてを提供。ひっきりなしにお客さんが来るので、休む間もなく揚げ続ける。

揚げパン
のつづき

作り方

1 Aの材料をふるってボウルに入れてから、塩を加えよく混ぜる。

2 1に牛乳を加え箸でかき混ぜる。そぼろ状になったら、サラダ油を入れてヘラでよく混ぜ、生地がまとまったらボウルの上からラップをして室温で5分休ませる。

3 サラダ油（分量外）を塗った手で生地の端を持ち、中心に向けて折り込むようにして押す。1分ほど繰り返しこねたら、表面に小さじ1の油（分量外）を塗る。ボウルの上からラップをして室温で30分以上休ませる。

4 ボウルから取り出した生地を多めに打ち粉をふったまな板に置く。麺棒で約7×25cmの大きさにのばし、バットに置きラップをして冷蔵庫で一晩寝かせる。

5 4を室温に戻し、まな板の上で打ち粉をした生地を約2cm幅で10〜12等分に切る（a）。

6 生地の幅の中心に濡らした竹串で線を引き（b）、上にもう1枚の生地を重ね、縦の中心に竹串を押し込んで切り込みを入れる（c）。生地の両側が上にはね上がるようにする（d）ことがポイント。

7 鍋に揚げ油（分量外）を入れ170〜180°Cに熱し、生地の両端を持って伸ばしながら入れる（e）。箸で生地を回転させながら膨らんできつね色になるまで揚げる。

※揚げた後に冷凍で約2週間保存可能。
温めるときはオーブントースターで。

a

b

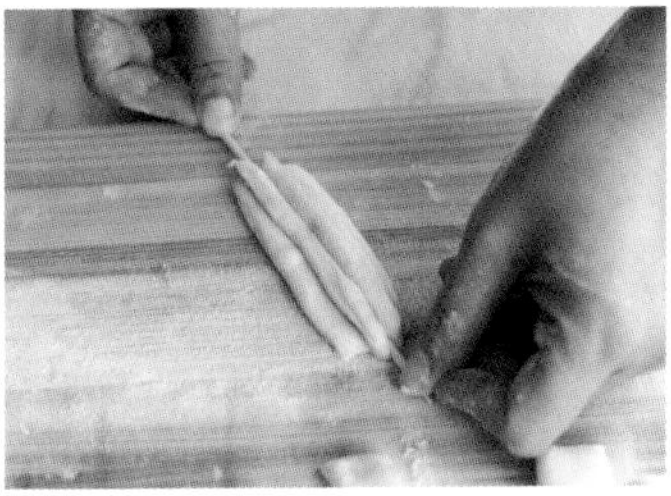
c

d

e

黒糖肉桂冰淇淋油條《ヘイタンロウクェビンチーリンヨウティアオ》

揚げパンの黒糖シナモンアイス添え

ペギーさんのお楽しみ

アレンジでチュロス風に！ オーブントースターで軽く焼き、食べやすい大きさに切ってアイスクリームを添え、上からシナモンシュガーと黒蜜をかけてどうぞ。

揚げパン食べ方あれこれ

朝食に欠かせない揚げパンは食べ方も自由自在。甘い豆乳に浸して食べたり、ダンビンやおにぎりの中身に、豆乳スープのトッピングにも。台湾に来たら絶対食べるべき！

粉漿蛋餅《フェンジャンダンビン》

台湾もちもちクレープ

もちもちで柔らかな弾力のある生地で
卵焼きとコーン、チーズなどを巻きます。
これぞ朝ごはんの完璧なマッチング。
もちっ！　トロッ！な食感が
朝から食欲をそそります。

材料｜3〜4枚分

A
- 薄力粉 … 50g
- 強力粉 … 50g
- 上新粉 … 50g
- 塩 … 小さじ¼
- サラダ油 … 小さじ1

水 … 1と½カップ
青ねぎ（小口切り）… 1本
溶き卵 … 枚数×1個分
サラダ油 … 適量

作り方

1 Aをボウルに入れ、水を⅔量入れて混ぜる。粉が溶けたら残りの水を足してよく混ぜる。濾してから青ねぎを入れる。

2 油をひいたフライパンを熱し、1の生地を混ぜてからお玉1杯分入れて薄くのばす。生地が固まったら裏返し、軽く焼き色が付くまで焼く。残りの生地も同様に焼き、クッキングシートを挟んで重ねておく（a）。

3 同じフライパンに油をひいて熱し、溶き卵1個分を流し入れたら2の生地をのせる。卵に火が通ったら裏返してスライスチーズやホールコーンなど好きな具をのせて巻き上げる。

4 食べやすい大きさに切って、しょうゆやチリソースなど好みのソースをかける。

※2で焼いた生地は冷凍で約2週間保存可能。3の溶き卵の上に凍ったままのせて焼きます。

a

ごま豆乳

材料　1杯分

無調整豆乳 … 1カップ
黒ごまペースト … 大さじ1
はちみつ … 適量

作り方

1 グラスに黒ごまペーストを入れて豆乳を注ぐ。

2 はちみつを入れ、よくかき混ぜる。口当たりをなめらかにしたい場合は20秒ほどブレンダーにかけるとよい。

黒糖豆乳

材料　1杯分

無調整豆乳 … 1カップ
黒蜜 … 大さじ1

作り方

1 グラスに黒蜜を入れて豆乳を注ぐ。

2 飲む前によくかき混ぜる。豆乳を温めてホットで飲んでも。

豆乳など朝ごはんのドリンクは、ポリ袋に入れて紐でとじ、ストローをさして歩きながら飲みます。もれないのが不思議！

黒糖豆漿

ヘイタンドウジャン

黒糖豆乳

黒糖のやさしい香りと甘さで
大人も子どもも大好きな一杯。
食欲のない朝の
おめざとしてもおすすめです。

芝麻豆漿

ツーマードウジャン

ごま豆乳

黒ごまの風味とコクが加わると
豆乳が苦手な方でも飲みやすい味に。
たっぷりの黒ごまで
不足しがちなカルシウムも補えます！

台湾のパンブーム

独自の進化を遂げた「台式麺包《ミエンバウ》（台湾パン）」

　このところ台北では新しいベーカリーが次々と登場しています。日本の高級食パンブームから食パン専門店に行列ができたり、本格的なデニッシュやクロワッサンが食べられるなど、ちょっとしたパンブームに沸いています。

　もちもち食感を愛する台湾人ですが、実は台湾のパンの多くは、日本のパンの影響を受けて、しっとりと柔らかいものが中心です。日本統治時代に、日本人がパンの製造技術を台湾に持ち込み、その後、西洋の技術と食文化も導入されました。

当時の台湾は物資が乏しく、栄養補給と満腹感を得られるよう、普段から手に入りやすい様々な食材がパンの具として使われ、その頃から甘くてしょっぱいのが台湾パンの特徴です。小豆あんや、肉鬆《ロウソン》(豚肉のフレーク)、青ねぎ、コーン、ピーナッツ、餅などが好まれ、挟んだりのせたりと、台湾らしい具材の魅力的なパンがたくさんあります。

　長い年月をかけて、台湾のパンは独自のスタイルと味を発展させ、今では台湾人の日常の食生活に欠かせないアイテムとなり、台湾独自の食文化の一ジャンルを築いています。

營養三明治《インヤンサンミンズー》

栄養サンドイッチ

香ばしいパン粉、甘いマヨネーズ。いつものロールパンが台湾の人気惣菜パンに早変わり。昔、台湾に駐留していた米軍がパン恋しさのあまり生み出したのだとか。

材料｜2個分

ロールパンまたはホットドッグ用パン … 2個
ハム … 1枚
きゅうり（斜め薄切り）… ⅓本
トマト … ¼個
味付け煮卵 … 1個

A｜パン粉 … 大さじ3
　サラダ油 … 小さじ1

B｜薄力粉 … 大さじ½
　水 … 大さじ½

C｜マヨネーズ … 大さじ1
　砂糖 … 大さじ½

作り方

1 Aをよく混ぜ合わせ、オーブントースターで焼き色が付くまで焼く。B、Cもそれぞれよく混ぜておく。

2 パンに切り目を入れ、表面にBを塗ってからAを付ける。オーブントースターで3〜5分ほど焼く。

3 ハムを4等分に切る。トマトは縦半分に切ってから横半分に切る。煮卵は縦4等分に切る。

4 パンの切り目にCを塗り、3ときゅうりを半量ずつ挟む。

ペギーさんのお楽しみ

馬鈴薯沙拉麵包《マーリンシューシャーラーミエンバウ》

ポテサラサンド

お惣菜のポテトサラダをたっぷりと挟んで食べるのも台湾人のお気に入りの食べ方です。

百香果

ねぎパン

香蔥麵包《シャンツォンミェンバウ》

青ねぎの香りがたまらない
台湾っ子には定番のねぎパン。
手軽な調理方法で再現したので
ぜひ試してみてください。

材料｜4個分

ロールパンまたは
　バターロール … 4個
青ねぎ（小口切り）… 2本
溶き卵 … 1個分
塩 … 小さじ¼
白こしょう … 少々
サラダ油 … 小さじ1

作り方

1 パン以外のすべての材料をよく混ぜ合わせておく。

2 パンの上部を薄く切り落とす（a）。

3 カットした表面に1を塗り、オーブントースターで5～7分ほど焼く。

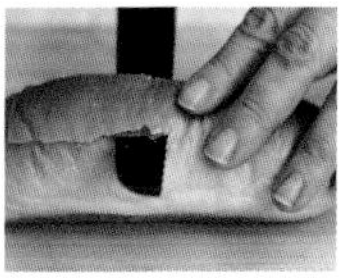

a

ねぎハムパン

香蔥火腿麵包《シャンツォンフオトェイミェンバウ》

ペギーさんのお楽しみ

小さく切ったハムやウインナソーセージを加えたら、香りと味もさらにUP。残った溶き卵はフライパンで焼いて挟んでもおいしいです。

バタークリームピーナッツパン

花生夾心麵包《ホワシェンジャーシンミェンバウ》

材料 2個分

- コッペパン … 2個
- 無塩バター … 50g
- 練乳 … 18g
- 塩 … 少々
- A
  - ピーナッツ粉 … 大さじ2
  - 砂糖 … 大さじ1

甘いバターと香ばしいピーナッツ粉。リッチな風味のクリームサンドは懐かしいけどちょっと斬新な味！パンの切り方が台湾的。

作り方

1. ボウルにバターを入れ、空気を含ませるように白っぽくなるまでよく泡立てる。練乳と塩を加えてしっかり混ぜ合わせる。
2. パンの中心に底ギリギリまで切り目を入れ（a）、裏面に1をたっぷり塗ってから塗った面同士を合わせてとじる（b）。
3. とじたサイドの部分にも1を塗り、バットで混ぜて広げたAをたっぷり押し付ける。

a

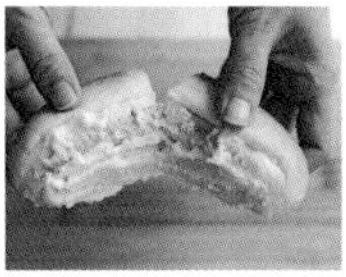

b

ココナッツいちごパン

草莓夾心麵包《ツァオメイジャーシンミェンバウ》

ペギーさんのお楽しみ

バタークリームの代わりにいちごジャムを、ピーナッツ粉はココナッツパウダーに替えて見た目もかわいいおやつパンに。

原味起司三明治《ユエンウェイチースーサンミンズー》

ハムチーズサンド

日本でも人気の台湾サンドイッチが自分で作れます！
具を薄くすることで、しっとりしたパンが主役に。
ポイントは甘いマヨネーズ、砂糖はしっかり溶かします。

材料｜1人分

食パン（8枚切り）… 4枚
ハム … 1枚
スライスチーズ … 2枚
無塩バター … 50g
練乳 … 18g
塩 … 少々
A　マヨネーズ … 大さじ1
　　砂糖 … 大さじ½

作り方

1 バターは室温に戻す（電子レンジで10秒ほど温めてもOK）。

2 キッチンペーパーを水で濡らし、食パンの間に挟み全体を包んで約5分おく。

3 【バタークリームを作る】ボウルにバターを入れ、空気を含ませるように白っぽくなるまでよく泡立て、練乳と塩を加えて混ぜ合わせる。

4 【台湾マヨネーズを作る】小皿などでAをよく混ぜ合わせる。

5 食パン2枚の片面に3を塗ってから1枚ずつチーズをのせ、上から3を重ねて塗る。

6 5の上に食パンを1枚ずつのせ、4をそれぞれに塗ったら、ハムを挟んでサンドする。

7 食パンの耳を切り落とし、対角線上に切って三角形にする。

※バタークリームが硬いときは、塗る前にもう一度泡立て、なめらかにするとよい。

鮭魚鬆三明治《グイユィソンサンミンズー》&地瓜三明治《ディーグァサンミンズー》

鮭フレークサンド&いもサンド

ペギーさんのお楽しみ

台湾ではサンドイッチに「肉鬆」と呼ばれる豚肉のフレークやタロイモペーストをよく挟みます。日本では鮭フレークやさつまいもで代用するのがおすすめです。煮たいものとろみとしっとりした食パンの組み合わせはスイーツっぽいですよ！

草莓三明治《ツァオメイサンミンズー》
いちごサンド

藍莓三明治《ランメイサンミンズー》
ブルーベリーサンド

台湾人は甘じょっぱい
ジャムサンドも大好き。
サンドイッチに
チーズは欠かせません。
あなたもきっと
やみつきになりますよ！

材料｜1人分

ハムチーズサンドのハムとA以外の材料と同様
いちごジャム、ブルーベリージャム … 各適量

作り方

1 ハムチーズサンドの手順1〜3と同様に用意する。

2 食パン2枚の片面に好みのジャムを塗る。

3 残りの2枚にバタークリームを塗り、チーズをサンドする。

4 ジャム面で3を両側から挟むように2でサンドする。

5 食パンの耳を切り落とし、対角線上に切って三角形にする。

肉蛋起司吐司

ロウダンチースートースィー

ポーク&卵チーズの焼きサンド

普通の焼きサンド!? いいえ、カリッと焼いた食パンと味の染みた豚肉が最高のバディです!

材料 | 1人分

豚ロース肉(しょうが焼き用)… 2枚
キャベツ(千切り)… 50g
溶き卵 … 1個分
スライスチーズ(溶けるタイプ)… 1枚
食パン(8枚切り)… 2枚
台湾マヨネーズ(p.28)… 大さじ1
トマトケチャップ … 小さじ1

A
- しょうゆ・みりん … 各小さじ1
- 砂糖 … 小さじ½
- 片栗粉 … 大さじ½
- 白こしょう・塩 … 各小さじ¼
- 五香粉 … 少々
- 水 … 大さじ½

B
- 白こしょう・塩 … 各少々
- 水 … 小さじ1

作り方

1 よく混ぜたAに豚肉を約15分漬ける。ボウルに卵を割りほぐし、Bとよく混ぜておく。

2 サラダ油大さじ1(分量外)をフライパンに熱し、汁けをきった豚肉を重ならないように並べ、両面に焼き色が付くまでしっかり焼く。油をひいて熱した卵焼き器で1の卵を焼く。

3 トーストした食パン1枚に台湾マヨネーズを塗り、白こしょう、塩(ともに分量外)をふったキャベツ、卵焼き、スライスチーズ、2の豚肉、ケチャップを塗ったパンの順に重ねてから、半分にカットする。

花生厚片《ホワシェンホウピエン》

ピーナッツバターの厚切りトースト

熱々ふわふわの厚切りパンと濃厚なピーナッツが至福の味。ピーナッツバターは粒入りが◎。

材料 2枚分

食パン（4枚切り）… 2枚
ピーナッツバター… 大さじ2
溶かしバター… 10g

作り方

1 食パンに対角線に十字の切り目を入れる。

2 パンの表面に溶かしバターを塗ってから、ピーナッツバターを厚めに塗る。

3 オーブントースターで6〜8分ほど、表面に軽く焼き色が付くまで焼く。

奶酥厚片《ナイスーホウピエン》

ミルクバターの厚切りトースト

焼くとミルキーなスキムミルクはメロンパンのクッキー生地のよう。2色づかいで見た目も楽しく。

材料 2枚分

食パン（4枚切り）… 2枚
バター… 50g
粉糖 … 20g
スキムミルク … 35g
ココアパウダー … 小さじ1

作り方

1 バターは室温に戻す（電子レンジで10秒ほど温めてもOK）。

2 ボウルにバターと粉糖を入れ、白っぽくなるまでよく混ぜてから、スキムミルクを加えてさらに混ぜる。半量を別のボウルに移し、ココアパウダーを入れてよく混ぜる。

3 2をスプーンの背で適量ずつ、パンの上に互い違いになるように塗る。

4 オーブントースターで5〜7分ほど、表面に軽く焼き色が付くまで焼く。

朝食はソースで味変が台湾流

朝食店のテーブルに並べられたいろいろな種類のソース。これは台湾人にとってとても大事なソースです。それにはいくつかの理由があります。

一 ソースをプラスして、シンプルな朝ごはんに風味をつけたり、味の調整をすることで、さらにおいしく食べられます。

二 台湾ではその日の気分で自分で朝ごはんに好きなソースをかけることが、習慣や伝統となっています。この食べるための慣れた動作は一種の楽しみや喜びでもあるんです。

三 ルーツも様々な台湾人は、甘いのが好きな人や辛いのが好きな人など、それぞれに味の好みが違います。数種類のソースを組み合わせたり、店独自のソースにお気に入りを見つけるなど、自分だけのオリジナルの味を求めるのが当たり前のようになっています。日本でもお好みの調味料をつけて食べてみてくださいね。

【ソースの種類】

醤油膏（**とろみしょうゆ**）…しょうゆよりとろみがあり、甘みの強いしょうゆペースト。国民的調味料ともいえる、台湾の食生活には欠かせないものです！ ダンビン

から餃子、野菜・肉料理まで、何にでも合う万能ソース。

辣椒醬（**チリソース**）…辛い唐辛子のソースで、お粥や小麦料理に添えられます。真っ赤な色でも意外と激辛ではありません。

しょうゆ…お粥や麵類、餃子にかけることが多いです。

甜辣醬（**スイートチリソース**）…甘辛い味付けで子どもも大好きなソース。

白醋・黒醋（**白酢・黒酢**）…台湾の一般的な白酢はもち米酢です。黒酢は野菜を発酵したもので、さらさらとしたウスターソースのような味。豆乳やお粥、麵類によくかけます。

その他…ラー油、豆板醬、トマトケチャップなど。

一つの生地で ダンビンも棒餃子も！

七変化する 最強湯《ゆ》種《だね》生地

簡単な湯種生地で朝ごはんの達人になりましょう

湯種生地は、中華式の朝ごはんのメインです。なぜなら、このたった一つの生地からダンビン、焼きパイ、棒餃子、蒸し餃子など朝ごはんで大人気の粉物料理が6種類も作れてしまうから！ これが作れたら、毎日おいしい台湾朝ごはんが家で食べられます。

台湾の朝食店では、ひっきりなしにやってくるお客さんにいろいろな朝ごはんを提供するため、ほとんどの店で一つの生地から複数のメニューが作れるようにこの湯種生地を使っています。

湯種とは、小麦粉に熱湯を加えてこね、お餅のような状態にした生地のこと。小麦粉に含まれるでんぷんは、水と熱を加えることで糊状になります。これは「糊化《こか》」と呼ばれるでんぷんの持つ特性の一つ。

湯種生地は、①糊化した生地が

加わることでもちもちとした食感になる、②生地が水分を保持しやすくなり、しっとりとした食感になる、③小麦本来の甘さと旨みが引き出される、といった特徴があります。焼き物、揚げ物、蒸し物の生地としてよく使われています。また、中華系の粉物料理で使う小麦粉は、主に中力粉です。中力粉のたんぱく質の割合は薄力粉と強力粉の中間くらい。日本では手に入りにくいので、薄力粉と強力粉を同量合わせることで中力粉を再現します。

　日本で「餅」といえば、蒸したもち米をついたものですが、中華系の「餅」は、小麦粉を練ってのばし、焼いたり、蒸したり、揚げたり、ゆでたりしたもの全般を指します。この違いを知っておくと旅先での朝ごはん選びがスムーズになるかもしれません。

燙麵麵團《タンミェンミェントゥワン》

最強湯種生地

日本でもパン作りをする人ならご存じの湯種生地。
中華系の湯種生地は、一晩寝かせる必要もなく、すぐ使える手軽さです。
中もっちり、外はサクッと特徴的な食感の生地です。

材料　作りやすい分量・1個分

薄力粉 … 100g
強力粉 … 100g
塩 … 小さじ¼
サラダ油 … 小さじ1と½
水① … ½カップ
水② … 40㎖

作り方

1 ボウルに薄力粉と強力粉をふるい入れ、塩、サラダ油を加え箸でよく混ぜる。

2 水①を鍋に入れて沸騰させ、1のボウルに一気に注ぎ（a）、箸でかき混ぜそぼろ状になったら（b）、すぐに水②を入れてさらによく混ぜる。

3 粉っぽさがなくなったら、手で生地を一つにまとめ、ボウルの上からラップをして室温で約5分寝かせる（c）。

4 油（分量外）を塗った手で、ボウルの中で生地の端を持ち、中心に向かって折り込んで押す（d、e）。この動作を1分ほど繰り返し、ボウルの上からラップをして室温で約10分寝かせる。もう一度なめらかになるまで1分ほどこねたら、表面に小さじ1の油（分量外）を塗り（f）、ラップをして室温で30分以上寝かせる。

※湯種生地は冷蔵で約3日間保存可能。

a

d

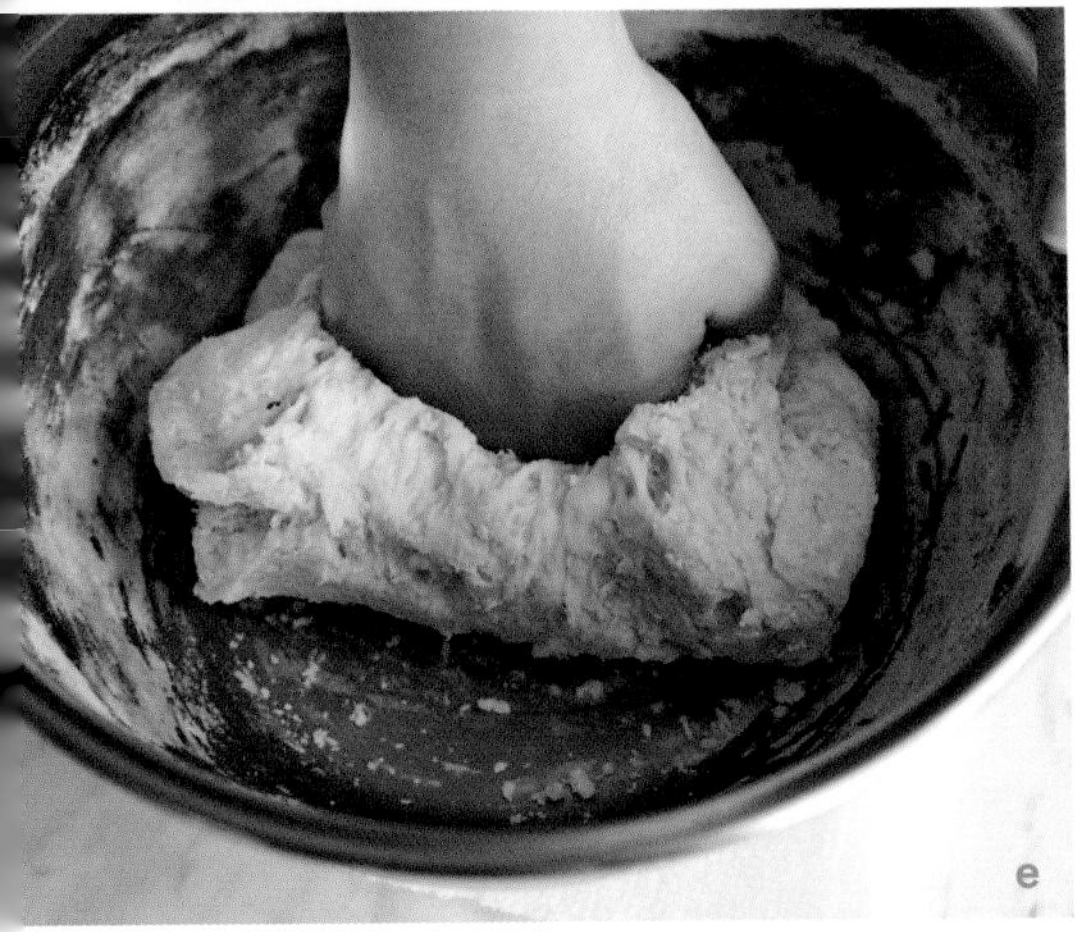

e

f

最強湯種生地で作る 一

蛋餅《ダンビン》

脆皮蛋餅皮《ツェーピーダンビンピー》

サクサククレープ

台湾の南北で異なる食感のクレープ。こちらは昔から北部で好まれるタイプで厚みがありサクッと香ばしいのが特徴。焼き目を付けて小麦の香りを楽しんで。

材料｜4枚分

最強湯種生地（p.36）… 1個
サラダ油 … 小さじ4

作り方

1 湯種生地を4等分にしてそれぞれポリ袋の中に入れ、小さじ1ずつサラダ油を入れる。

2 ポリ袋に入れた生地を袋の上から麺棒でのばし、直径20〜22cmの円形にして取り出す。

3 熱したフライパンに大さじ1のサラダ油（分量外）をひき、両面に軽く焼き色が付くまで焼く。

高麗菜蛋餅

ガオリーツァイダンピン

キャベツ巻きクレープ

たっぷりのキャベツで卵焼きを作りくるくると巻いて食べます。やさしい味であっという間にペロリ。

材料｜1人分

サクサククレープ … 1枚

A
- キャベツ（千切り）… 50g
- 溶き卵 … 1個分
- 塩・白こしょう … 各少々
- 水 … 大さじ1

作り方

1 ボウルでAを混ぜておく。

2 熱したフライパンにサラダ油大さじ1（分量外）をひき、1を入れ、上にサクサククレープをのせる。

3 卵に火が通ったら裏返して、下の面がカリカリになったら巻き上げる。

4 フライパンから取り出し、食べやすい大きさに切る。好みでしょうゆやチリソースなどをかける。

鮪魚蛋餅

ウェイユーダンピン

ツナ巻きクレープ

ツナと卵の組み合わせは台湾でも朝ごはんの大定番！満足感のある一品です。

材料｜1人分

サクサククレープ … 1枚

A
- ツナ缶（小）… ½缶
- 溶き卵 … 1個分
- 玉ねぎ（みじん切り）… 大さじ1
- 塩・白こしょう … 各少々

作り方

1 ボウルでAを混ぜておく。

2 熱したフライパンにサラダ油大さじ1（分量外）をひき、1を入れ、上にサクサククレープをのせる。

3 卵に火が通ったら裏返して、下の面がカリカリになったら巻き上げる。

4 フライパンから取り出し、食べやすい大きさに切る。好みでしょうゆやチリソースなどをかける。

蔥餅《ツォンビン》

宜蘭蔥餅《イーランツォンビン》

ぐるぐるねぎパイ

宜蘭《イーラン》地方の名産、
青ねぎをたっぷり使い
カリッと焼いた
香り豊かなパイです。
ラー油も合います！

材料｜4個分

最強湯種生地（p.36）… 1個

A
- 青ねぎ（小口切り）… 120g
- ごま油 … 大さじ2
- 塩 … 小さじ¼
- 白こしょう … 少々

ラード（またはサラダ油）… 大さじ1

作り方

1 ボウルでAを混ぜておく。

2 湯種生地を4等分し、手で楕円形に整えたら、麺棒で約7×30cmの大きさにのばす。

3 表面にラードを塗り（a）、¼量の1をのせる（b）。生地の両端をつまんで重ねるようにしてねぎを包む（c）。

4 台の上で端から渦状に巻いていき（d）、巻き終わりを裏側の中心へしっかりと押し込み15分以上室温で寝かせる（e）。

5 生地の厚みが1cm程度になるまで手のひらで押す。フライパンにサラダ油（分量外）をひき、中弱火で中に火が通り、両面に焼き色が付くまでじっくりと焼く。

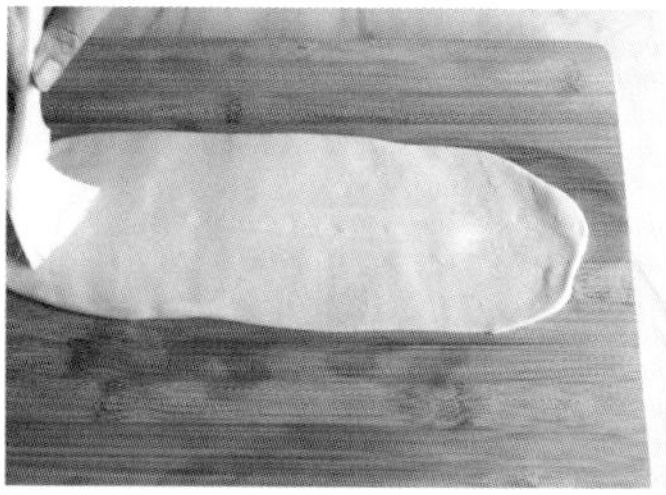
a

b

c

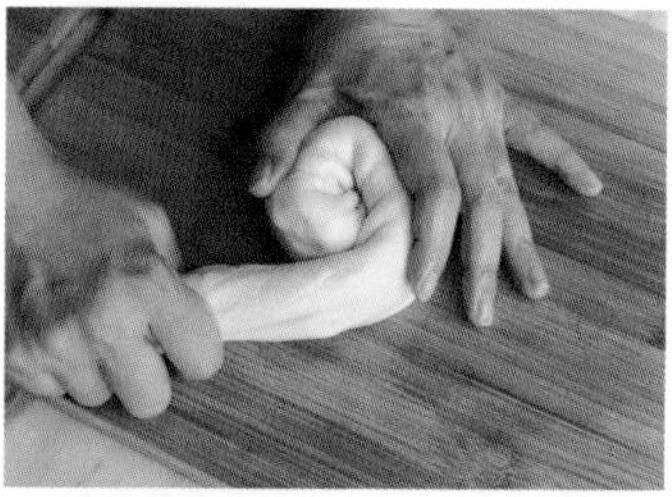
d

e

焼餅《サオビン》

焼きパイ

「焼餅」は中華式朝ごはんの定番中の定番です。何層にも折り重ねた生地はサクッ&ふわふわの食感。たとえて言えば、中華式のクロワッサン!発酵いらずで簡単です。

材料 | 4個分

最強湯種生地(p.36)…1個

A | 薄力粉…50g
  | サラダ油…30g

白ごま…適量

作り方

1 小鍋にAを入れて弱火にかけ、ふつふつと気泡が出るまでよく混ぜる。火を止めて冷ます。

2 湯種生地を30×20cmほどの大きさにのばし、周囲1cm程度の余白を残して1を塗る(a)。

3 手前から奥の端まで巻き(b)、両端をしっかりとじる。手でひねって4等分にし(c)両端をとじる。

4 とじ目が上にくるようにして縦に置き、麺棒で上下に10cmほどのばす(d)。手前と奥から中心に向かって三つ折りにする(e)。

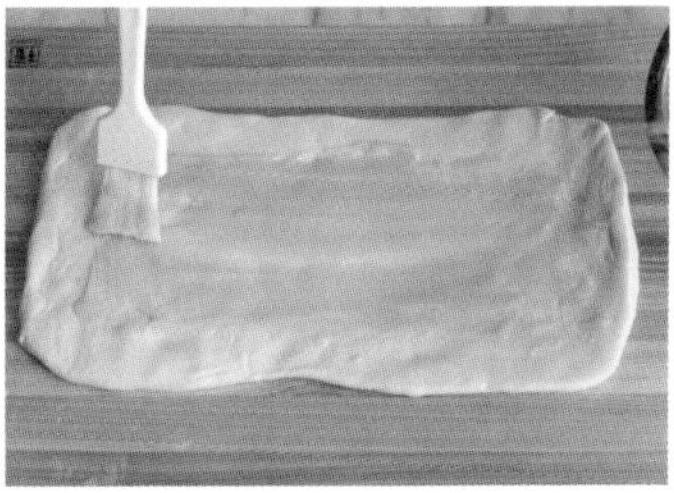
a

b

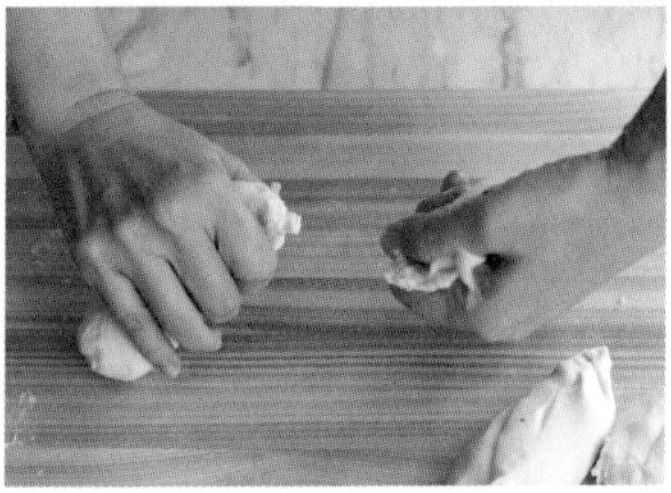
c

d

e

f

g

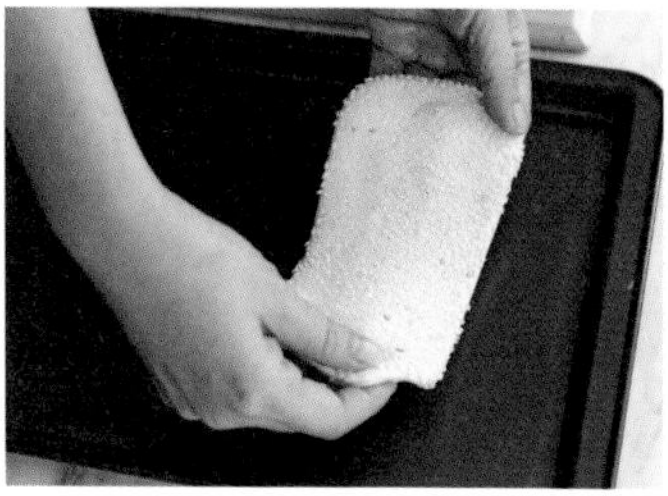

h

5 もう一度とじ目が上にくるようにして縦に置いて、麺棒で上下にのばし(f)、4と同様に折る。

6 バットに広げた白ごまに片面を手で押してしっかり付け(g)、10〜15分室温で寝かせる。

7 ごまの面を上にして、麺棒で長さ15〜17㎝程度にのばす。

8 230℃に予熱したオーブン(またはオーブントースター)の天板にごまの面を上にしてのせ(h)、230〜250℃で6〜8分焼き、膨らんできたら裏返してさらに2〜4分焼く。

※焼いた後に冷凍で約2週間保存可能。温めるときはオーブントースターで。

焼きパイの揚げパン挟み

焼餅油條《サオビンヨウティアオ》

小麦粉で小麦粉を挟む!?
これ、台湾人の大好物。
小麦の香りと食感を
ダブルで楽しめます。

材料｜1人分

焼きパイ（p.42）… 1個
揚げパン（p.14）… 1本

作り方

焼きパイの側面にはさみで切り目を入れ、揚げパンを挟む。

焼きパイのねぎ卵挟み

蔥蛋焼餅《ツォンダンサオビン》

しっかりめに朝食をとりたいときはコレ。
塩こしょうをたっぷりきかせて
台湾風卵焼きにするのがポイントです。

BLT焼餅

BLT サオビン

焼きパイのBLT挟み

パンの代わりに
「焼餅」でBLTサンド！
シンプルな味だから
どんな食材も受け止めます。

材料｜1人分

焼きパイ（p.42）… 1個
ベーコン … 1枚
レタス（一口大にちぎる）… 1枚
トマト（5㎜厚さに切る）… 2枚
マヨネーズ … 適量
粗びき黒こしょう … 適量

作り方

1 ベーコンはフライパンでカリカリになるまで焼き、粗びき黒こしょうをふる。

2 焼きパイの側面にはさみで切り目を入れる。

3 2を開いてマヨネーズを塗り、下からレタス、ベーコン、トマトの順で重ねる。最後にマヨネーズをかける。

材料｜1人分

焼きパイ（p.42）… 1個
A｜溶き卵 … 1個分
　｜青ねぎ（小口切り）… 大さじ1
　｜塩・白こしょう … 各少々
　｜水 … 小さじ1

作り方

1 ボウルでAの材料をよく混ぜる。

2 熱した卵焼き器にサラダ油少々（分量外）をひき、1を入れて卵焼きを作る。

3 焼きパイの側面にはさみで切り目を入れ、2の卵焼きを挟む。

最強湯種生地で作る 四

酥餅《スーピン》

蘿蔔絲酥餅《ロウボウスゥースーピン》

大根と桜えびの焼きパイ

しょっぱい系のあんを詰めた酥餅は
パリッと焼いた皮とたっぷりのごまが美味。
トロッとした大根とえびの香り、
熱々焼きたてが一番おいしいです。

材料｜8個分

最強湯種生地（p.36）… 1個
A｜薄力粉 … 50g
　｜サラダ油 … 30g
大根（千切り）… 200g
ベーコン（5mm角切り）… 40g
桜えび … 5g
ラード … 小さじ1
B｜青ねぎ（小口切り）… 2本
　｜塩・白こしょう … 各小さじ½
　｜砂糖 … 小さじ1
C｜コーンスターチ … 大さじ½
　｜水 … 大さじ3
白ごま … 大さじ2

作り方

1 p.42の焼きパイの作り方1〜5と同様にする。生地を半分に切る(a)。

2 熱したフライパンにラードを入れ、ベーコンと桜えびを入れて香りが出るまで炒めたら大根を加える。大根が柔らかくなったらBを入れて軽く炒め、火を止める。

3 よく混ぜたCを2に入れ、全体を混ぜてから火にかけ1分ほど炒めたら、バットなどに移して冷ます。

4 1の生地を麺棒で7cm角に広げる。生地の中心に8等分した3をのせ(b)、4つの端をつまんで中心でとじたら(c)、余分な生地をねじってとめる(d)。

5 裏側に水を塗り、バットに広げた白ごまに押し付ける。180〜200℃に予熱したオーブン(またはオーブントースター)で、ごまの面を上にして15〜20分焼く。

a

b

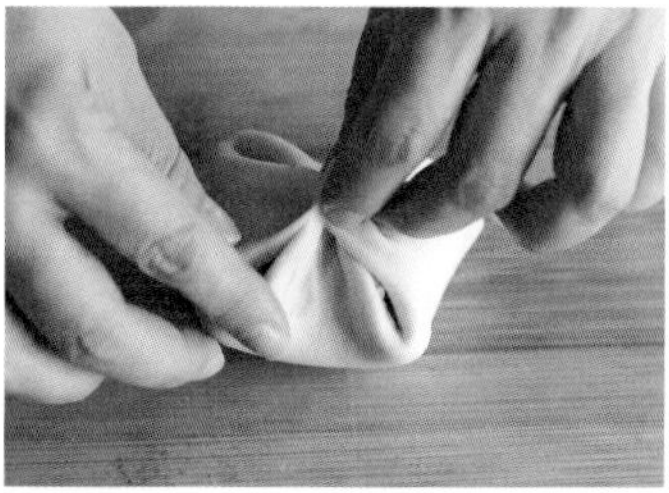
c

d

ペギーさんのお楽しみ

紅豆甜餅《ホンドウティエンビン》 あんこ焼きパイ

中の具を小豆あん(1個分40g)に替えると甘いパイに変身! いもや栗のあんもおすすめ。試してみてください。

最強湯種生地で作る 五 鍋貼《グォティエ》

玉米鍋貼《ウミーグォティエ》

コーン棒餃子

ひき肉とコーンの棒餃子は、
包丁いらずの時短メニュー。
コーンの甘みとジューシーさが引き立つ
子どもも食べやすい一品です。

材料 10〜12個分

最強湯種生地（p.36）
…½個分
豚ひき肉…50g
ホールコーン（缶詰）…50g
塩…ひとつまみ
ごま油…小さじ½
粗びき黒こしょう…小さじ¼
A しょうゆ・オイスターソース
…各小さじ½
白こしょう…適量
コーン缶の汁…大さじ1
打ち粉（片栗粉）…適量

作り方

1 ボウルに豚ひき肉と塩を入れ粘りが出るまでよく混ぜたら、Aを加えよく混ぜる。ごま油を加えて軽く混ぜ、冷蔵庫で冷やしておく。

2 1にコーン、黒こしょうを加えて軽く混ぜる。

3 台に打ち粉をし、湯種生地を太さ2〜3cmの棒状に伸ばし10〜12等分にする。切り口を上にして指で円形に整え（a）、手のひらで押してから（b）麺棒で直径7〜8cmの大きさにのばす。

4 皮の中心に2を大さじ1のせる（c）。皮のふちに水（分量外）をつけ、棒状になるようにふちを指で挟んでしっかりとめる（d）。

5 フライパンにサラダ油大さじ1（分量外）をひき、とじ目を上にして並べ、焼く。焼き目が付いたら餃子の高さ約⅓まで水（分量外）を入れ、沸騰したらふたをして弱火にし、7〜10分ほど焼く。

6 ふたを開けて水分を飛ばし、ごま油小さじ1（分量外）を鍋肌から回し入れ、焼き色を付ける。

a

b

c

d

最強湯種生地で作る　六

蒸餃《ツェンジァオ》

素蒸餃《スーツェンジァオ》

野菜蒸し餃子

もちもち食感の手作り生地。
ヘルシーな蒸し餃子はおかわり必至。
長方形の包み方はふちをぎゅっと
とじるだけなので簡単です。
お好みの葉野菜で代用しても◎。

材料｜10〜12個分

最強湯種生地（p.36）… ½個分
チンゲンサイ … 200g
油揚げ（みじん切り）… ½枚
はるさめ … 10g
しいたけ（みじん切り）… 1個
A　塩 … 小さじ¼
　めんつゆ（ストレート）
　　… 小さじ1
　白こしょう … 少々
　ごま油 … 小さじ1
　片栗粉 … 大さじ1
打ち粉（片栗粉）… 適量

作り方

1 チンゲンサイはゆでてから水で冷まし、水けを絞ってみじん切りにする。はるさめは15分水に浸してから1cm幅に切る。

2 ボウルに1と油揚げ、しいたけ、Aを入れて混ぜる。

3 台に打ち粉をし、湯種生地を手で太さ2〜3cmの棒状に伸ばし、10〜12等分に切る。麺棒で直径約10cmの大きさに丸くのばす。

4 生地の中心に大さじ1の2をのせ、ふちに水（分量外）をつける。皮の両端を指で押さえてとじる（a）。とじていない皮の端を持ち、先端を寄せるようにやさしく引っ張り（b）、8mmほど重ね合わせたら指で押さえてぎゅっととめる（c）。

5 蒸し器で10〜12分ほど蒸す（またはp.63の「簡単な蒸し方」を参照）。

a

b

c

小籠包《シャオロンバウ》

かんたん小籠包

誰でも失敗しにくい帽子型の包み方で
おうちでも小籠包に挑戦！
ひき肉と水をしっかり混ぜて
ジューシーな肉だねに。

材料｜10〜12個分

最強湯種生地（p.36）… ½個分
豚ひき肉 … 150g
しょうが（すりおろし）… 小さじ1
塩 … 小さじ¼
水 … 大さじ2
しょうゆ … 小さじ1
砂糖 … 小さじ1
ごま油・ラード … 各小さじ½
しょうが（千切り）… 適量
打ち粉（片栗粉）… 適量

作り方

1 ボウルに豚ひき肉と塩を入れ、粘りが出るまで手でよく混ぜる。しょうがのすりおろしと水を加え、水分がなくなるまで同じ方向に円を描くように混ぜる。

2 しょうゆと砂糖を加えてさらに混ぜたら、ごま油とラードを加えて軽く混ぜ、ラップをして冷蔵庫で30分以上寝かせる。

3 台に打ち粉をし、湯種生地を太さ2〜3cmの棒状に伸ばし10〜12等分に切る。切り口を上にして指で円形に整え、手のひらで押してから麺棒で直径10cmの大きさにのばす。

4 生地の中心に10〜12等分した2をのせ、皮のふちに水をつける。皮を半分に折り、指で押さえてとじる（a）。皮の両端を持ち、先端を寄せるようにやさしく引っ張る（b）。先端を8㎜程度重ね合わせ、指で押さえてぎゅっととめる（c）。

5 蒸し器で10〜12分ほど蒸す（またはp.63の「簡単な蒸し方」を参照）。

a

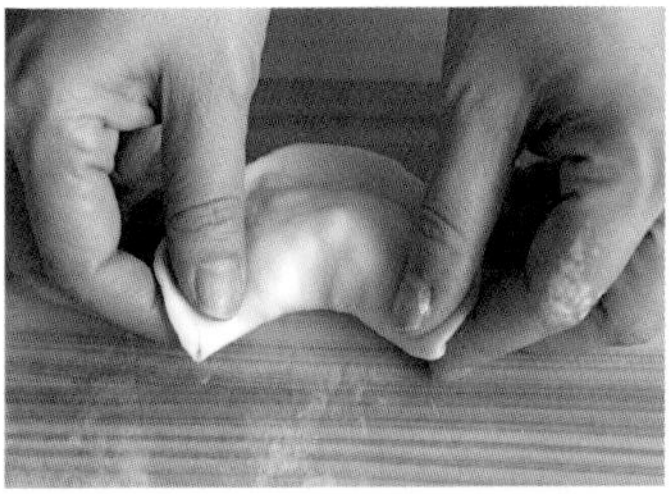
b

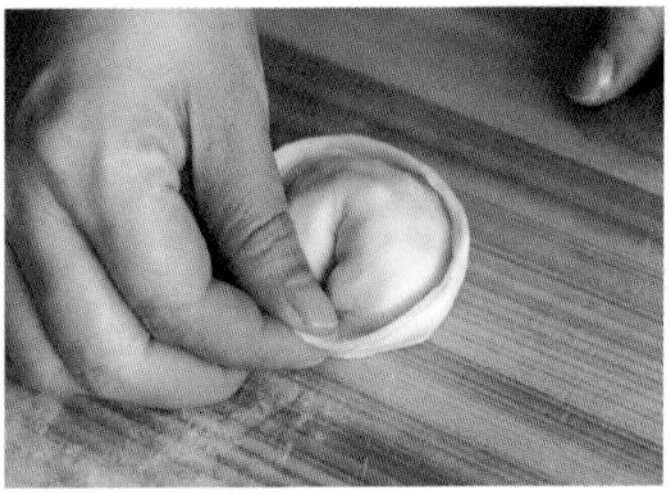
c

小籠包を食べるときは、しょうがの千切りをのせて酢じょうゆをつけるのが定番です。ほかにも豆板醤やチリソースでパンチをきかせる食べ方もおすすめです。

蘿蔔糕加蛋

ロウボウガオジャーダン

大根餅の卵焼き

卵と一緒に焼いた大根餅は
熱々ホクホクで柔らかく
朝ごはんに最適！
メインは上新粉と大根だけ。
電子レンジで作れる
簡単なレシピを紹介します。

材料｜作りやすい量

A
- 大根（千切り）… 250g（約3㎝）
- 塩 … 小さじ1
- 水 … 大さじ1
- 砂糖 … 小さじ½
- サラダ油 … 大さじ1
- 白こしょう … 少々

B
- 上新粉 … 120g
- コーンスターチ … 小さじ1
- 水 … 130㎖

卵 … 1個

作り方

1 耐熱容器（600〜800mℓ）にAを入れてよく混ぜ、ラップをして600Wの電子レンジで約4分加熱する。

2 Bをよく混ぜてから1に加え、さらに混ぜる。少し隙間をあけてラップをし、600Wの電子レンジで約7分加熱する。箸などを挿してどろっと生地が付くようなら、1分ずつ追加で様子を見ながら加熱する。

3 完全に冷めたら取り出して2cm幅に切る。

4 サラダ油（分量外）をひいたフライパンを熱し、カットした大根餅2枚をのせ、両面に焼き色が付いたら上から卵を割り、卵黄をつぶして表面に広げる（a）。

5 裏返して卵に火が通ったら、取り出して食べやすい大きさに切って皿に盛り、好みのソースをかける。

※焼く前の生地は冷凍で約2週間保存可能。耐熱容器はガラス製がおすすめ。

a

港式蘿蔔糕《ガンスーロウボウガオ》

台湾ソーセージ入り大根餅

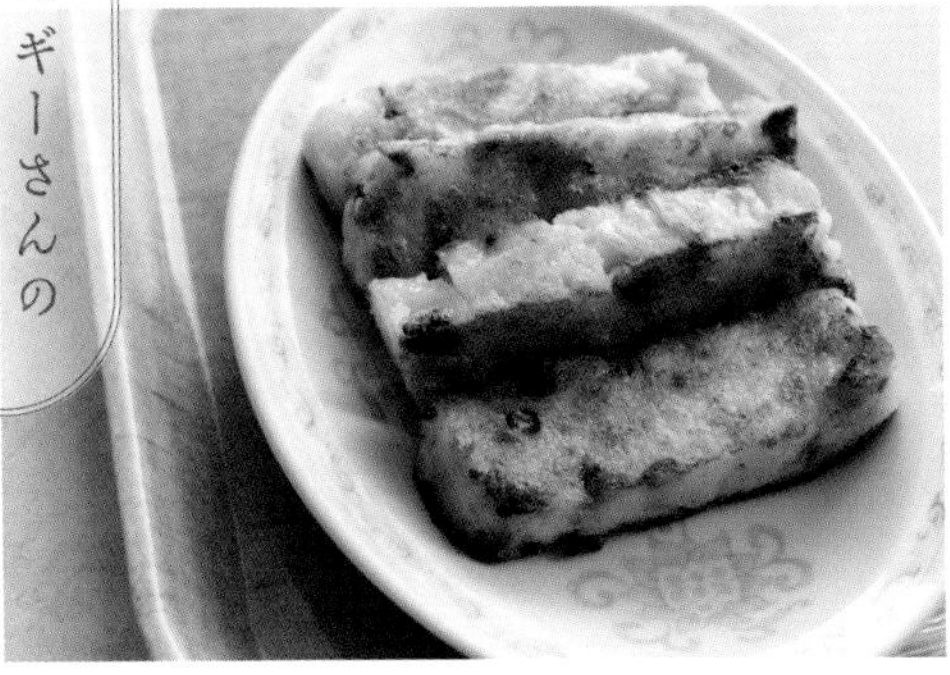

ペギーさんのお楽しみ

台湾ソーセージ（ハムやベーコンでもOK）と水で戻した干ししいたけを刻んでごま油で香ばしく炒め、フライドオニオンと一緒に、作り方2でBと一緒に混ぜます。

肉粥 ロウゾウ

豚肉の塩粥

お疲れ気味の胃腸にも
お酒を飲んだあとにも合う
しっかり味のお粥。
れんげを持つ手が
止まらなくなる
おいしさです！

材料｜2〜3人分

豚薄切り肉（一口大に切る）… 100g
干ししいたけ … 10g
桜えび … 5g
冷やご飯 … 200g

A
- 塩 … ひとつまみ
- 砂糖 … 小さじ½
- 酒 … 大さじ½
- 片栗粉 … 大さじ½
- 白こしょう … 少々
- ごま油 … 少々

B
- 水 … 3カップ
- 鶏ガラスープの素 … 大さじ1

C
- しょうゆ … 小さじ½
- 塩・白こしょう … 各小さじ½
- 砂糖 … 小さじ¼

フライドオニオン・パクチー
… 各適量

作り方

1 豚肉とAをポリ袋に入れてよく揉む。干ししいたけは½カップの水（分量外）で戻してから千切り、桜えびは¼カップの水（分量外）で戻してから刻む。戻し汁はとっておく。

2 鍋にサラダ油（分量外）をひき、1の干ししいたけと桜えびを炒める。香りが出てきたら戻し汁とBを加え、沸騰したら冷やご飯を入れてほぐす。

3 3分ほど煮たら、Cを加えて混ぜる。1の肉を入れてさらに混ぜ、肉がばらばらになってから約1分で火を止め、フライドオニオンとパクチーを入れる。

吻仔魚粥

ブラヒーゾウ

しらすと野菜のお粥

台湾ではお粥やスープに魚をよく使います。
たっぷり入れたしらすの味わいプラス
しょうがとにんにくの香りで食欲増進！

材料｜2～3人分

しらす … 100g
チンゲンサイ（1cm幅に切る）
　… 2株
にんにく（みじん切り）… 1片
しょうが（千切り）… 5g
冷やご飯 … 200g
だし汁
　… 3カップ
A｜塩 … 小さじ¼
　｜酒 … 小さじ1
白こしょう・ごま油
　… 各適量

作り方

1 鍋に油（分量外）をひき、にんにくとしょうがを炒め、香りが出てきたらしらすを加えて軽く炒める。

2 だし汁を加え沸騰したらご飯とチンゲンサイを入れてほぐし、3分ほど煮たらAを入れて混ぜる。

3 白こしょう、ごま油をかける。

鹹飯團

シェンファントゥワン

台湾おにぎり

もち米で揚げパンや漬物をにぎった
サクサクもちもちの食感が楽しい台湾おにぎり。
「肉鬆《ロウソン》(豚肉フレーク)」の代用にピンときたのは
日本でもよく食べられる鮭フレークでした！

材料 | 2人分

A
- 白米(洗う)… 0.5合
- もち米(洗う)… 0.5合
- 水 … 140mℓ

揚げパン(p.14)… 2本
鮭フレーク … 大さじ2
切り干し大根 … 10g
高菜漬け(粗みじん切り)… 50g
にんにく(みじん切り)… 1片
ごま油 … 大さじ½

B
- しょうゆ … 小さじ1
- 砂糖 … 小さじ½
- 塩 … 少々
- 酢 … 小さじ½

作り方

1 炊飯器に A を入れて、15分浸水してから炊く。切り干し大根は水で戻し絞って粗く刻む。

2 ごま油をひいたフライパンで切り干し大根とにんにくを炒める。少し焼き色が付いたら高菜を加えて炒め、B を加えて味をととのえる。

3 ラップを敷いた上に 1 で炊いたご飯の半量をのせ、直径18cmほどの円形にならす。揚げパン、鮭フレーク、2 をすべて半量ずつのせ (a)、手前と奥の端を合わせるように巻いて (b) (c)、長方形にしっかりとにぎる (d)。

a

b

c

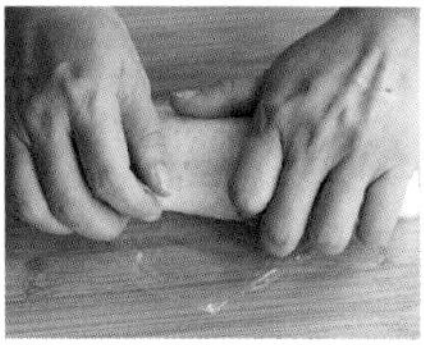
d

ペギーさんのお楽しみ

黒米おにぎり

黒米飯團
ヘイミーファントゥワン

台湾ではたいてい黒 (紫) 米か白もち米を選べます。黒米はぷちぷちの食感が楽しい! バナナのようにラップをむきながら食べます。味付け煮卵を入れても◎。

香腸起司飯團

シャンツァンチースーファントゥワン

台湾腸詰めチーズにぎり

甘い台湾ソーセージとチーズの塩け。ねぎ入り卵焼きを重ねてもちもちご飯で巻くだけ。普通のウインナソーセージを巻いてもおいしいです。

材料｜2人分

ご飯（p.59、1の手順で炊く）… 260g
台湾ソーセージ … 2本
スライスチーズ … 2枚
A｜溶き卵 … 1個分
　青ねぎ（小口切り）… 大さじ1
　塩・白こしょう … 各少々
　水 … 小さじ1

作り方

1 台湾ソーセージはゆでてからフライパンで焼く。

2 ボウルでAをよく混ぜる。サラダ油少々（分量外）をひいた卵焼き器にAを入れて卵焼きを作り、半分に切る。

3 ラップを敷いた上に半量のご飯をのせ、直径18cmほどの円形にならす。1、2、スライスチーズをすべて半量ずつのせ、長方形にしっかりとにぎる（p.59参照）。

甜飯團《ティエンファントゥワン》

ピーナッツ砂糖にぎり

ご飯に砂糖とピーナッツ。
びっくりしないで食べてみて。
中がサクサクのおはぎのような
感覚でハマりますよ！

材料　1人分

ご飯（p.59、1の手順で炊く）… 130g
揚げパン（p.14）… 1本
ピーナッツ粉 … 大さじ2
砂糖 … 小さじ2

作り方

1 ラップを敷いた上に1膳分のご飯をのせ、直径18㎝ほどの円形にならす。

2 残りの材料をすべてのせ、端からくるんで長方形にしっかりにぎる（p.59参照）。

「蒸す」はもう怖くない！

日本人が電子レンジを日々の料理で使いこなすように、台湾では何でも蒸します。蒸すことは台湾人にとって当たり前の調理法で、炊飯器によく似た電気の蒸し器「電鍋」は一家に一台、二台は必ずあると言われています。

加熱するとき、温めたいとき、じっくり調理したい煮物も電鍋で蒸します。蒸すことによって食材の水分がキープされ、出来あがりはしっとり。冷めにくいのも特徴です。

蒸すことが一番ラクだと思っている台湾人が、家庭で絶対にやらないのが揚げ物です。油で揚げることが怖いんです。なのでこれほど揚げ物が得意な日本人が「蒸す」を面倒、怖い、と言うのを聞くたび不思議な気持ちになります。

【蒸し道具】

蒸籠《せいろ》…一番おすすめの蒸し道具。蒸籠の利点は、水滴が落ちにくいこと。通気性があり、水蒸気が外へ逃げやすいため、水滴が中に溜まりにくくなります。使った後は洗剤を使わずに洗い、風通しがいい場所でよく乾燥を。

蒸し器…一般的にはステンレス製

で、錆びにくく高い耐久性が特徴です。ふたの水滴が食材につかないよう、ふたを清潔なふきんでくるみ、上で結ぶといいです。

電鍋…台湾家庭の必須家電、電気の蒸し器。日本でもレトロチックでカラフルな電鍋がちょっとしたブームになり、使っている人も多いです。

簡単な蒸し方

家にあるふた付きのフライパンや深めの鍋で、蒸す方法をお教えします！

フライパンまたは鍋の底に、濡れタオルや網台を置き、高さ約1〜2㎝の水（常温）を入れ、中火にかけます。蒸しあがったら火を消して、1〜2分待ってからふたを外します。ふたを少しずらして蒸気を逃してから開ければ火傷の心配もありません。

饅頭《マントウ》

蒸しパン

ぎっしりむちっとした
噛み応えのある生地がおいしい
台湾の蒸しパン！
ほんのり甘みがあり、
どんな食材とも相性がよいので
朝食にもぴったりです！

材料｜4個分

- A
  - 薄力粉 … 150g
  - 強力粉 … 50g
  - ベーキングパウダー… 小さじ¼
- B
  - 水 … 90〜95mℓ
  - 砂糖 … 20g
  - ドライイースト … 小さじ½
- サラダ油 … 大さじ1
- 打ち粉（強力粉）… 適量

作り方

1 Aをよく混ぜ合わせる。

2 ボウルにBを入れ、よく混ぜて溶かす。1とサラダ油を加えゴムベラでよく混ぜる。手で1分ほどこね（こね方はp.36を参照）、ラップをして室温で約5分寝かせる。

3 台に打ち粉をし、麺棒で生地を上下にのばす（a）。三つ折りにしたらとじ目が縦になるように置いて手のひらで生地を押し（b）、もう一度麺棒で上下にのばす（c）。生地がなめらかになるまでこれを3〜5回繰り返す。

a

b

c

蒸しパン
のつづき

作り方

4 生地を約12×30㎝に広げたら手で軽く水を塗り（d）、手前からくるくると巻く（e）。

5 包丁で端を薄く切ってから4等分し（f）、クッキングシートを敷いた蒸し器にのせて（g）生地が1.5倍の大きさになるまで発酵させる（室温により約40〜80分）。※小さな計量カップ（20㎖程度）に切り落とした生地を入れ、高さが倍になったら発酵完了の目安（h）。

6 蒸し器に常温の水を入れ、中弱火で11〜13分蒸す。火を止めて1〜2分たったら、水滴が落ちないようゆっくりふたを上げる。

蒸しパンのコツ

- 室温が低いときは、電子レンジの奥にお湯を入れたカップ、手前に蒸す前の成形した生地を置き発酵させると時短になります。
- 家庭の鍋は小さいので沸騰するまでの時間が短いです。水は常温から火にかけて蒸すのがおすすめ。
- 蒸し器で蒸すときは、ふたの水滴が落ちるとうまく膨らまないので、必ずふたをふきんでくるみ、上で結びましょう。
- 蒸しパンは蒸したあと、冷凍で約1か月間保存が可能です。温めも蒸し器を使うとおいしいです。

d

e

f

g

h

蒸しパンアレンジ　一

起司饅頭《チースーマントウ》

チーズ蒸しパン

チーズ味の蒸しパンは
これだけでおやつに。
中に巻くチーズは
コクがあって色味もかわいい
チェダーがおすすめです。

材料｜8個分

A
- 薄力粉 … 150g
- 強力粉 … 50g
- ベーキングパウダー … 小さじ¼

B
- 水 … 90〜95mℓ
- 砂糖 … 20g
- ドライイースト … 小さじ½

サラダ油 … 大さじ1
スライスチーズ（溶けるタイプ）… 2枚
打ち粉（強力粉）… 適量

a

作り方

1 蒸しパン（p.64）の作り方 1 〜 3 と同様にする。

2 生地を約12×30㎝に広げたら手で軽く水を塗り、スライスチーズを半分に切ってのせ（a）、手前からくるくると巻く。

3 包丁で端を薄く切ってから8等分し、クッキングシートを敷いた蒸し器にのせて生地が1.5倍の大きさになるまで室温で発酵させる。※小さな計量カップ（20mℓ程度）に切り落とした生地を入れ、高さが倍になったら発酵完了の目安。

4 蒸し器に常温の水を入れ、11〜13分蒸す。火を止めて1〜2分たったら、水滴が落ちないようゆっくりふたを上げる。

蒸しパンアレンジ 二

饅頭夾葱蛋《トウジャーツォンダン》

蒸しパンのねぎ卵挟み

蒸しパンは何でも挟んで食べます。とっておきはねぎ入りの卵焼き。揚げ焼きっぽくしたカリカリ卵と食感の違いが楽しめますよ。

材料 | 1個分

蒸しパン（p.64）… 1個

A
- 溶き卵 … 1個分
- 青ねぎ（小口切り）… 大さじ1
- 塩・白こしょう … 各少々
- 水 … 小さじ1

作り方

1 蒸しパンを蒸し器で5〜7分ほど温め、真ん中に切り目を入れる。ボウルでAをよく混ぜる。

2 熱した卵焼き器にサラダ油大さじ1（分量外）をひき、Aの卵液を入れ卵焼きを作る。

3 蒸しパンに 2 を挟む。

ペギーさんのお楽しみ

鮭フレークとチーズ卵の蒸しパン

饅頭夾魚鬆起司蛋《マントウジャーユィソンチースーダン》

卵焼きにチーズと鮭フレークをのせた具だくさん蒸しパン！ 蒸しパンはサンドイッチ感覚で何を挟んで食べてもおいしいです。ジャムや小豆あんなど甘系も◎。

蒸しパンアレンジ 三

炸饅頭《ジャーマントウ》

蒸しパン揚げ

アレンジの中でも〝揚げ〟はイチオシ！
表面はカリッと、中はふんわり
生地の甘みが際立ちます。
練乳をつけていただくのが台湾流。

材料｜2個分

蒸しパン（p.64）… 2個
揚げ油 … 適量
練乳 … 大さじ1

作り方

1 蒸しパンに切り目を入れる。

2 170〜180℃に熱した揚げ油で、1をこんがりと色が付くまで揚げる。練乳を添える。

蒸しパンアレンジ 四

菜包《ツァイバウ》

キャベツまん

蒸しパンの生地を使ってたっぷりキャベツまんを作ります。塩昆布を入れて、しっかりめの味付けをしたあんと甘めの生地は相性抜群です。

材料｜4個分

蒸しパンの生地（p.64の手順3まで、½の量）
キャベツ（1cm角に切る）… 100g
にんじん（千切り）… 10g
セロリ（みじん切り）… ½本
塩昆布（みじん切り）… 10g
ごま油 … 大さじ1

A
- しょうが（すりおろし）… 小さじ1
- しょうゆ … 小さじ1
- 塩 … 少々
- みりん … 小さじ½
- ごま油 … 大さじ½
- 白こしょう・黒こしょう … 各少々

作り方

1 【生地を作る前の作業】フライパンにごま油を熱し、にんじんとセロリを入れて香りが出るまで炒める。キャベツと塩昆布を加えて軽く炒めたら、Aを加えてよく混ぜて火を止め、取り出して冷ます。

2 生地を約12×20cmに広げ、手で軽く水を塗り、手前からくるくると巻き、包丁で4等分する。

3 切り口を上にして麺棒で直径10cmの円形にのばし、中心に4等分した1をのせる（a）。前後左右の端をつまみ中心でとじたら（b）、残った4つの端も中心に寄せて（c）、つまんでしっかりとじる（d）。

4 クッキングシートを敷いた蒸し器にのせて、生地が1.5倍の大きさになるまで室温で発酵させる。

5 蒸し器に常温の水を入れ、11〜13分蒸す。火を止めて1〜2分たったら、水滴が落ちないようゆっくりふたを上げる。

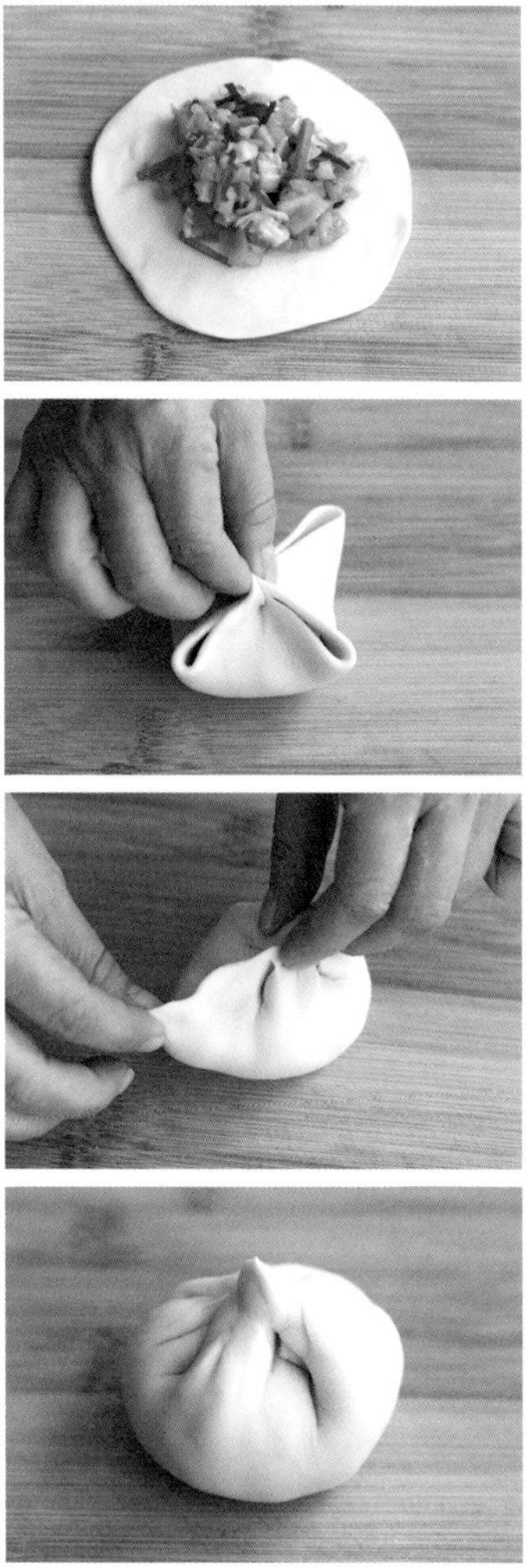

a b c d

台湾朝ごはんのトッピング

台湾の朝食店に掲げられた
メニューの数の多さに驚く人もいるでしょう。
トッピングの組み合わせは無限大。
メニューにない組み合わせも頼めば作ってくれます。
いろいろ食べて試して、自分だけの味を見つけましょう！

肉系

朝からしっかりパワーチャージ！
塩けのきいた肉系トッピングは
メインでどうぞ。

火腿《フオトエイ》

ハム

培根《ペイクェン》

ベーコン

豬肉排《ツウロウパイ》

味付け豚ロース肉

肉鬆《ロウソン》

豚肉のフレーク

卵系

台湾人は卵が大好きなので
朝食には欠かせません。
種類も豊富です。

荷包蛋《ホウバウダン》

目玉焼き

蔥蛋《ツォンダン》

ねぎ入り卵焼き

高麗菜絲蛋《ガオリーツァイスーダン》

キャベツ入り卵焼き

九層塔蛋《ジョーツァンターダン》

バジル入り卵焼き

起司蛋《チースーダン》

チーズ入り卵焼き

その他

日本でもおなじみの
朝ごはんトッピング。
台湾の小麦料理にもよく合います。

鮪魚 ウエイユー
ツナ

起司片 チースーピェン
スライスチーズ

鮭魚鬆 グイユィソン
鮭フレーク

野菜

日本のサンドイッチで
よく使う生野菜も
トッピングとして使います。

玉米 ウィミー
コーン

小黄瓜 シアオホァングワ
キュウリ

生菜 スンツァイ
レタス

蕃茄 ファンチエ
トマト

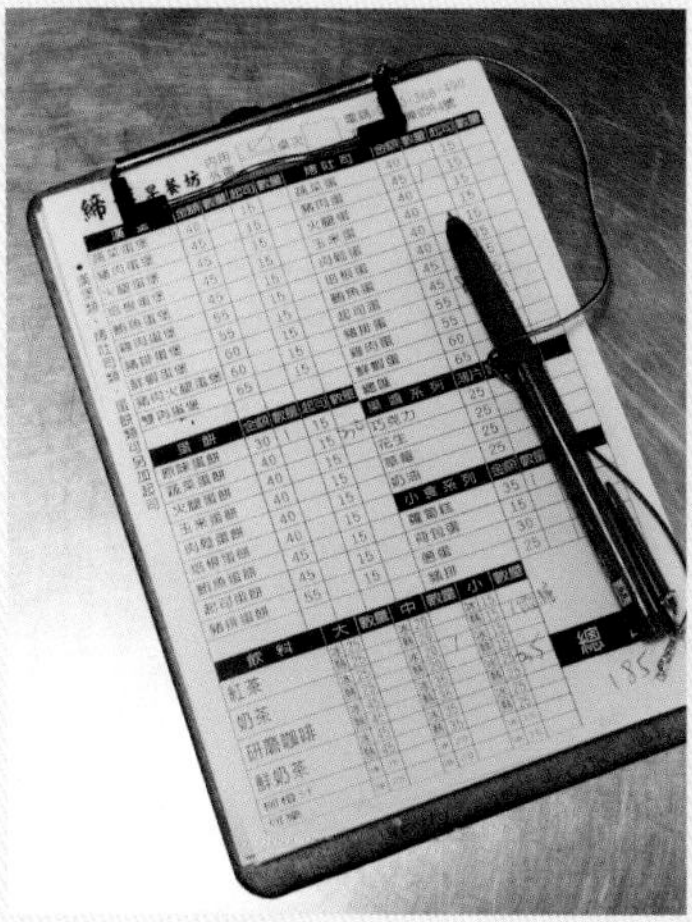

台湾の朝食店では、トッピングを選ぶのに便利なオーダーシートが一般的。チーズなどの追加、飲み物のサイズや温冷を選んで店員に渡せば注文完了です。

二章

素朴で滋味 台湾おやつとドリンク

台湾は果物の豊かな産地であり、マンゴー、パイナップル、パッションフルーツ、グァバなどのトロピカルフルーツがとてもおいしいです。これらのフルーツは、かき氷や豆花《ドウホワ》などと一緒に食べることができます。また、タロイモやさつまいも、愛玉子《オーギョーチー》といった様々な種類の豆・いも類、台湾の特産品も同じようにおやつに使われています。ローカル食材をたくさん使うことで、新鮮で値段も安く、毎日気軽に食べられるおやつが台湾には

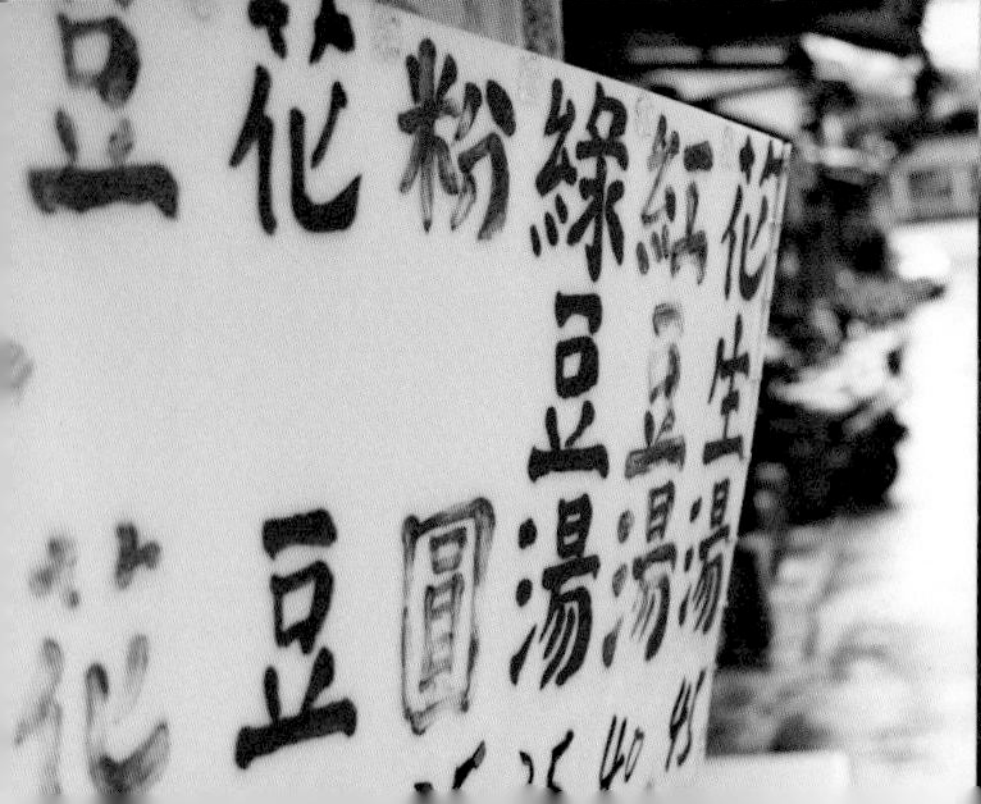

たくさんあるのです。

台湾の街中ではたいてい豆花とかき氷が同じお店で一緒に売られています。メニューの中には「綜合《ツォンハー》豆花」「綜合冰《ビン》」といった「綜合」の名前がついたものがあり、10種類以上もの共通のトッピングの中から3〜4種類を、お客さんが食べたいものを自分で選べます。こういった体験は台湾らしいもので、豆花やかき氷を食べるときにワクワク感がありますね。

ほかにもおやつやドリンクのトッピングとしてよく見かけるのがタピオカ系。台湾ではこのタピオカ系全般について〝QQ《キュウキュウ》〟という言葉を使います。〝QQ〟とはもちもちで弾力がある食感のこと。「このタピオカミルクティーのタピオカがQQでおいしい！」という風に使います。

日本と台湾の食材は似ているものも多く、再現しやすいので作ったらきっと満足してもらえるはず。今回は、台湾で人気なだけでなく、日本の食材で作りやすくてお財布にやさしいおやつとドリンクのレシピを考えてみました。お家で楽しく作りましょう！

花生豆花《ホワシェンドウホワ》

ゆでピーナッツ豆乳プリン

檸檬豆花《ニンモンドウホワ》

レモン豆乳プリン

綜合豆花《ツォンハードウホワ》

お好みトッピングの豆乳プリン

台湾のおやつと言って真っ先に浮かぶのは豆乳で作るやさしい味のプリン〝豆花〟。王道の豆花3種類は、どれも素材を活かしたシンプルで素朴なものばかり。ほっと心が落ち着くような甘さです。

基本の豆花とシロップの作り方とこのページの3品のレシピはp.78〜79、おやつ全般に使用するトッピングの作り方はタピオカ系をp.94〜97、いも・豆類をp.98〜101で紹介しています。

傳統豆花《ツワントンドウホワ》

伝統豆乳プリン

豆花粉と無調整豆乳があれば再現も簡単！
こちらは温冷どちらでも食べられます。
思い切りよく注いだあとは動かさないのがコツ。

a

材料｜3～4人分

無調整豆乳（大豆固形分9％以上）…2カップ
豆花粉…15g
水…40mℓ

作り方

1 深さがあるボウルに、水と豆花粉を入れてよく混ぜる。

2 豆乳を鍋に入れ沸騰させたら火を止め、1をもう一度よく混ぜる。

3 2の熱い豆乳を約30㎝の高さから一気に1の中に勢いよく注ぐ（a）。熱いうちに表面の泡をスプーンの背などでつぶし、取り除く。

4 粗熱が取れて固まるまで15分ほど動かさずにおいて、そのあとは冷蔵庫で冷やす。

寒天豆花《ハンティンドウホワ》

寒天豆乳プリン

失敗なしの寒天で作る豆乳プリンは
冷やして食べる専用です。
つるんとしたのどごしでさっぱりいただけます。

材料｜3～4人分

無調整豆乳…2カップ
粉寒天…2g
水…150mℓ

A｜無調整豆乳…50g
コーンスターチ…小さじ½

作り方

1 Aをよく混ぜる。豆乳を室温に戻す。

2 鍋に粉寒天と水を入れて火にかけ、2分ほど沸騰させ寒天が完全に溶けたら豆乳を入れてよく混ぜる。鍋肌に小さい泡が出てきたら、Aを混ぜながら入れ、軽く沸騰したら火を止める。

3 保存容器に2を入れ、熱いうちに表面の泡をスプーンの背などでつぶし、取り除く。

4 粗熱が取れて固まるまで15分ほど動かさずにおいて、そのあとは冷蔵庫で冷やす。

基本の豆花

作り方

1 深さのある器にp.78の豆乳プリン½カップを盛り、かき氷または氷と、水を各½カップ加える。

2 それぞれのシロップをかけ、トッピングを盛る。

材料｜各1人分

お好みトッピングの豆乳プリン

黒糖シロップ … 大さじ2
トッピング（p.94〜99）
　… お好みで3〜4種類

ゆでピーナッツ豆乳プリン

黒糖シロップ … 大さじ1
ピーナッツスープ（p.99）
　… ½カップ

レモン豆乳プリン

黒糖シロップ … 大さじ1
レモン汁 … 小さじ1
レモンスライス … 1枚

基本のシロップ

黒糖シロップ

黒糖糖水《ヘイタンタンスェイ》

材料｜4〜6人分

きび砂糖 … ½カップ
黒糖 … ¼カップ
熱湯 … 2カップ

作り方

1 きび砂糖を鍋に入れ、弱火で炒め香りが出たら火を止める。

2 1に黒糖と熱湯を加えて火にかけて沸騰させる。きび砂糖が完全に溶けたら完成。

しょうがシロップ

薑汁糖水《ジャンズータンスェイ》

材料｜3〜4人分

しょうが（薄切り）
　… 3〜5枚
きび砂糖 … 大さじ3
黒糖 … 大さじ2
水 … 1カップ

作り方

1 しょうがと水を鍋に入れ、沸騰させたら弱火にして約15分煮る。

2 きび砂糖と黒糖を加え、ひと煮立ちさせる。

水果豆花

フルーツ豆乳プリン

フルーツのほどよい酸味と甘さが
老若男女から愛される幸せの味。
氷を入れて練乳をかけて、台湾っぽさＵＰ!!

材料｜2人分

豆乳プリン（p.78）… 1カップ

A
- 冷凍マンゴー（カット）… 100g
- 砂糖 … 大さじ2

B
- いちご（へたを取って半分に切る）… 100g
- 砂糖 … 大さじ2

C
- かき氷または氷 … ½カップ
- 水 … ½カップ
- 黒糖シロップ（p.79）… 大さじ2

練乳 … 大さじ2

作り方

1. **A**を耐熱皿に入れ、ラップをして600Wの電子レンジに約2分かける。粗熱が取れたら冷蔵庫で冷やしておく。**B**も同様にする。
2. プリンを大きめのれんげで薄く削ぐようにしてすくい、器に盛る。上から**C**と**1**をかけ、最後に練乳を回しかける。

ピーナッツパクチー豆乳プリン

香花豆花《シャンホワドウホワ》

パクチーとピーナッツの組み合わせは豆乳プリンとも相性よし。宜蘭《イーラン》にある有名店の白水豆花《バイスェイドウホワ》をアレンジしました。

材料｜1人分

豆乳プリン（p.78）… ½カップ
かき氷または氷 … ½カップ

A
- 水 … ½カップ
- 黒糖シロップ（p.79） … 大さじ2

B
- ピーナッツ粉 … 大さじ1
- きび砂糖 … 小さじ1
- 黒糖 … 適量

パクチー… 適量

作り方

1. 器にAを入れて混ぜ、プリンを大きめのれんげで薄く削ぐようにしてすくって入れる。
2. 上から氷、Bをかける。パクチーをのせる。

氷を愛する台湾人のこだわり

知っていますか？　台湾のかき氷のルーツは日本なんです。

日本統治時代、暑さをしのぐためにかき氷を食べていた日本人の習慣が、台湾に広まりました。台湾にあるかき氷器は、今でもほとんどが日本製です。当時のトッピングは非常にシンプルで、甘い砂糖水をかけ、香りを引き立てるためのバナナ油を少量かけただけだったそうです。

進化して大ブームを巻き起こした台湾かき氷は、フルーツや豆、ゼリーやタピオカなどをふんだんにトッピングしたボリュームたっぷりの豪華版。たくさんの店が競うようにして、様々な種類のかき氷が今も生み出されています。

台湾のかき氷は、氷そのものや削り方に違いがあります。3つのタイプをご紹介します。

【台湾の代表的なかき氷】

傳統刨冰《ツワントンバオビン》（**伝統かき氷**）…粗めに削った氷が特徴で、甘いシロップやコンデンスミルクをかけた氷に、フルーツ、甘く煮た豆、タピオカ、アイスクリームなどをトッピングした、昔ながらの伝統的なかき氷です。

雪花冰《シュエホワビン》（**スノーフレークかき氷**）…非常に細かく削られたミルキーアイスに、様々なフレーバーシロップやトッピングを合わせて楽しむ、軽やかな口当たりのかき氷です。

牛奶冰《ニョウナイビン》（**ミルクかき氷**）…牛乳を使って作られた氷は、なめらかさが特徴的。甘いシロップやフルーツだけでなく、卵黄やプリンなどのトッピングがよく合います。

（写真上・下右）士林にある老舗「辛發亭《シンファーティン》」のかき氷。ピーナッツ味のスノーフレークかき氷の濃厚でなめらかな口当たりが昔も今も愛されています。（写真下左）最近は、中にソースやトッピングを入れ、氷をきれいに高く盛ったおしゃれな日式が人気です。

綜合剉冰《ツォンハーツオビン》

お好みトッピングの台湾かき氷

台湾で「綜合」と言ったら、好きなもの3～4種類を選んでどれでもトッピングできるシステム。かき氷を愛する台湾人はトッピングにもこだわります。

材料｜1人分

かき氷（粗め）… 2カップ
黒糖シロップ（p.79）… 大さじ1
トッピング（p.94～99）
　… お好みで3～4種類

作り方

1 器にかき氷を盛り、上から黒糖シロップをかける。

2 好みのトッピングを3～4種類のせる。

氷について

かき氷用の氷を作るときは、日本の一般的なかき氷器を使います。削り出す氷の大きさを変えられるのがよいです。大量に氷を使うので、付属の製氷器が複数あると便利です。本書では、ドウシシャの「電動ふわふわとろ雪かき氷器」を使用しました。

芒果冰《マングォビン》

マンゴーかき氷

台湾といえば〝マンゴー〟。
台湾産はとにかく甘いのでおすすめです。
ふわふわ氷にマンゴーシロップ、
フレッシュなマンゴーをごろごろと
さらにはマンゴーアイスものせて
自分だけの贅沢なかき氷が完成です。

材料｜作りやすい量

かき氷 … 2カップ
マンゴー… 1個
A｜冷凍マンゴー… 110g
　｜オリゴ糖シロップ … 大さじ3
　｜水 … ¼カップ
黒糖シロップ（p.79）… 大さじ2
練乳 … 適量
マンゴーアイスクリーム … 適量

作り方

1 ミキサーまたはブレンダーでAをなめらかになるまでかくはんする。

2 マンゴーは種に沿って縦に包丁を入れ、3枚に切る。マンゴーの切り口の皮と実の境目にコップのふちを当て、力を入れて滑らせるように皮をむいたら（a）、2cm角に切る。

3 皿の中心に粗く削ったかき氷を高さ約10cmに盛り、上から黒糖シロップをかける。上から細かく削った氷を約2cmの厚さで重ね（b）、1のソースを適量かける。さらに周辺に細かく削った氷を約2cmの厚さで重ねる。

4 氷を手で山形に整え（c）、表面に1のソースをたっぷりかける。上にマンゴーアイスクリームをのせ、周りにカットしたマンゴーをのせてから練乳を回しかける。

※ソースは3〜5杯分。冷蔵で3日間保存可能。

a

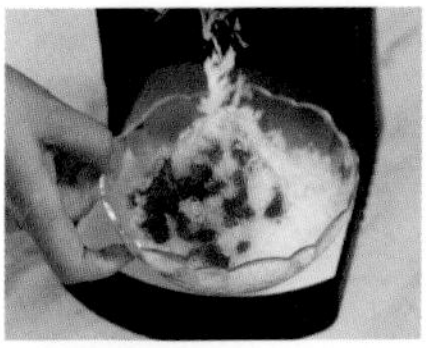
b

c

二章　台湾おやつとドリンク

珍珠奶茶冰《ツェンズーナイチァービン》

タピオカミルクティーかき氷

台湾の定番ドリンクがそのままかき氷に！
濃厚なミルクティーのソースと
チーズフォームの塩けが見事にマッチ。
タピオカの食感も一緒に楽しめる
台湾らしさ満点のかき氷。

材料｜作りやすい量

かき氷…2カップ
タピオカ（市販品）…適量
紅茶茶葉…15g
水…1と½カップ
A｜生クリーム…1カップ
　｜きび砂糖…大さじ2
練乳…70g
黒糖シロップ（p.79）…大さじ2
B｜クリームチーズ（室温に戻す）…大さじ½
　｜砂糖…大さじ½
　｜塩…少々
C｜生クリーム…大さじ4
　｜牛乳…大さじ2
黒糖…大さじ2

作り方

1 鍋に水を入れて沸騰させ、紅茶茶葉を入れて2分ほど煮る。火を消してからふたをし、2〜3分蒸らす。Aを加えて火にかけ、沸騰したら弱火にし混ぜながら3分煮て濾す。粗熱が取れたら練乳を加え、ソースボトルに入れ、冷蔵庫でしっかり冷やす。

2 ボウルにBを入れてよく混ぜる。Cを加え、泡立て器でなめらかになるまでよくかき混ぜる。

3 タピオカをパッケージの表示通りにゆでて水けをきる。熱いうちに黒糖とよく絡めておく。

4 皿の中心に粗く削ったかき氷を高さ約10㎝に盛り、上から黒糖シロップをかける。上から細かく削った氷を約2㎝の厚さで重ね、1のソースを適量かける。さらに周辺に細かく削った氷を約2㎝の厚さで重ねる。

5 氷を手で山形に整え、表面に1のソースをたっぷりかける（a）。上から2をかけ、食べる直前に3のタピオカをかける。

※ソースは3〜5杯分。冷蔵で3日間保存可能。

a

二章

台湾おやつとドリンク

花生香菜冰《ホワシェンシャンツァイビン》

ピーナッツパクチーかき氷

生クリームとピーナッツバターを使ってコクのあるソースを作ります。パクチーの爽やかな香りが鼻を抜け氷がまったりと口の中で溶けていく。至福のおやつタイムにぴったりな大人のかき氷です。

材料｜作りやすい量

かき氷 … 2カップ

A
- ピーナッツバター（有糖）… 70g
- 生クリーム … 1カップ
- 牛乳 … 1/4カップ
- きび砂糖 … 大さじ2
- 練乳 … 大さじ3
- 黒蜜 … 小さじ2

黒糖シロップ（p.79）… 大さじ2

ピーナッツ粉、パクチー、いも団子（p.98）… 各適量

作り方

1 ミキサーまたはブレンダーでAをなめらかになるまでかくはんする。

2 皿の中心に粗く削ったかき氷を高さ約10cmに盛り、上から黒糖シロップをかける。上から細かく削った氷を約2cmの厚さで重ね、1のソースを適量かける。さらに周辺に細かく削った氷を約2cmの厚さで重ねる。

3 氷を手で山形に整え、表面に1のソースをたっぷりかける。好みでピーナッツ粉やパクチー、いも団子などをのせる。

※ソースは3〜5杯分。冷蔵で3日間保存可能。

月見雪花冰《ユエジェンシュエホワビン》

卵ミルキーかき氷

かき氷器がなくても作れる
昔ながらの懐かしい卵味のかき氷。
新鮮な卵黄をのせた姿から
「月見」の名前がつきました。
甘じょっぱい氷に
卵黄のコクとまろやかさが
よく合います。

材料 2〜3人分

A
- 牛乳 … 1と½カップ
- 塩 … 少々
- 砂糖 … 小さじ2

生クリーム … 大さじ2
練乳 … 50g
卵黄 … 2〜3個分

作り方

1 ミキサーまたはブレンダーでAを10秒ほどかくはんし、生クリームと練乳を加えてからさらに10秒高速でかくはんする。濾してから保存容器に移し、6時間以上冷凍する。

2 冷凍した1をスプーンで削る (a)。皿に小山の形に盛り、一番上にスプーンで軽くくぼみを作って新鮮な卵黄をのせる。

a

布丁雪花冰《ブーディンシュエホワビン》

プリンミルキーかき氷

ペギーさんのお楽しみ

台湾ではかき氷にプリンをのせるのが大人気。卵黄の代わりにプリンをのせ、黒蜜やキャラメルソースをかけて食べます。

台湾スイーツトッピング

其の一

百香果珍珠

バイシャングォツェンズー

パッションフルーツタピオカ

日本のテレビ番組で作って絶賛されたパッションフルーツのタピオカ。嚙むと口の中がフルーティーに！

黒糖珍珠

ヘイタンツェンズー

黒糖タピオカ

タピオカといえばコレ！手間と時間はかかるけど、市販のタピオカより安くて簡単に作れます。

台湾人はもちもちとした食べ物が大好き！
スイーツのトッピングはタピオカ粉で作るものも多いです。
食材の香りも楽しめるプルプルもちもちの４種類を紹介します。

黒糖粉粿《ヘイタンフングェ》

黒糖のもちもちゼリー

「粉粿」は日本のわらび餅に似ています。
タピオカ粉と黒糖を練り込み蒸してお餅に。
室温で２日間、保存可能です。

柳橙粉粿《リウツェンフングェ》

オレンジのもちもちゼリー

果汁のフレッシュ感でさっぱり爽やか。
柑橘系のほか桃やぶどうのジュースで
お好みの味のゼリーを作ってみて。

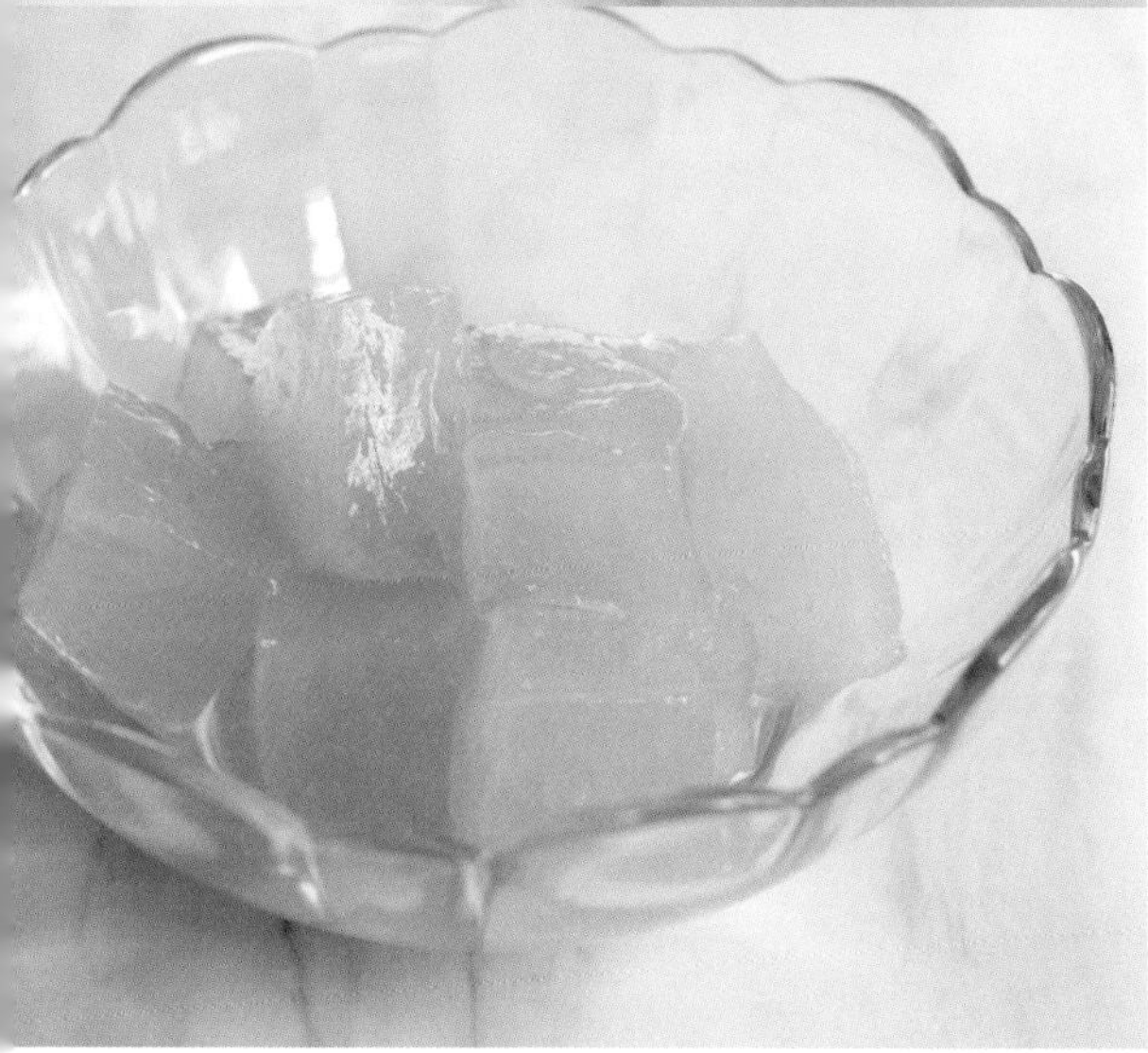

パッションフルーツタピオカ

材料｜作りやすい量

タピオカ粉 … 40g
A｜パッションフルーツソース（市販品）… 30g
　｜水 … 20mℓ
砂糖 … 大さじ2
打ち粉（片栗粉）… 適量

a

作り方

1. ボウルにタピオカ粉を入れる。
2. 鍋にAを入れて火にかけ、沸騰したらすぐ1に注ぎ、ゴムベラでよく混ぜる。手で触れるくらいの温度になったら、生地がまとまるまで手でよく練る。
3. 生地の半分をとって打ち粉をし直径5〜7㎜の棒状に伸ばし、7㎜の幅で切って(a)一つずつ丸める。残りも同様にする。
4. 鍋に湯を沸騰させて3を入れ、約15分煮たら火を止め、ふたをして約15分蒸らす。水けをきったタピオカに砂糖をまぶしてよく混ぜる。

黒糖タピオカ

材料｜作りやすい量

タピオカ粉 … 50g
A｜黒糖 … 15g
　｜水 … 40mℓ
黒糖 … 大さじ2
打ち粉（片栗粉）… 適量

作り方

1. ボウルにタピオカ粉を入れる。
2. 鍋にAを入れて火にかけて溶かし、沸騰したらすぐ1に注ぎ、ゴムベラでよく混ぜる。手で触れるくらいの温度になったら、生地がまとまるまで手でよく練る。
3. 生地の半分をとって打ち粉をし直径5〜7㎜の棒状に伸ばし、7㎜の幅で切って一つずつ丸める。残りも同様にする。
4. 鍋に湯を沸騰させて3を入れ、約15分煮たら火を止め、ふたをして約15分蒸らす。水けをきったタピオカに黒糖をまぶしてよく混ぜる。

黒糖のもちもちゼリー

材料｜作りやすい量

A
- タピオカ粉 … 100g
- 水 … 150mℓ

B
- 黒糖 … 50g
- きび砂糖 … 30g
- 水 … 100mℓ

作り方

1 ボウルにAを入れ、よく混ぜておく。

2 フライパンにBを入れて火にかけ、沸騰させる。砂糖が溶けたら1を混ぜながら加え、ゴムベラでよく混ぜる。とろみが出てきたら火を消し、ペースト状になるまでよく混ぜる。多少のザラつきやムラがあっても大丈夫。

3 皿にクッキングシートを敷き、2をのせる。小さじ1の水（分量外）をかけ、手で表面を平らにし、全体が透き通るまで蒸し器で約15分蒸す。

4 よく冷ましてから、表面に適量の水（分量外）をつけて食べやすい大きさに切る。

オレンジのもちもちゼリー

材料｜作りやすい量

タピオカ粉 … 100g
オレンジジュース … 270mℓ

a

b

作り方

1 フライパンにオレンジジュースとタピオカ粉を入れてよく混ぜ合わせる。

2 弱火にかけ、ゴムベラでよく混ぜ、とろみが出てきたら火を消してペースト状になるまで混ぜる（a）。多少のザラつきやムラがあっても大丈夫。

3 皿にクッキングシートシートを敷き、2をのせる。小さじ1の水（分量外）をかけ、手で表面を平らにし、全体が透き通るまで蒸し器で約15分蒸す（b）。蒸し器から取り出して冷ます。

4 表面に適量の水（分量外）をつけて食べやすいサイズに切る。

台湾スイーツトッピング

其の二

地瓜圓《ディーグァユェン》 いも団子

いもの種類が豊富な台湾。
色違いのいもで見た目も楽しく。
温冷どちらでもおいしい。
ゆでる前なら1か月冷凍保存可能。

包心地瓜圓《バウシンディーグァユェン》 あんこ入りいも団子

いも団子で市販の小豆あんを
包むだけのお手軽アレンジ。
団子の味がリッチになって、
嚙み応えのある食感がやみつきに。

蜜地瓜《ミーディーグァ》 さつまいもの甘煮

さつまいもは台湾の名産品。
日本産よりねっとりして口溶けが
よいのが特徴で、トロッとなる
までよく煮るのが台湾流です。

いも・豆類も台湾スイーツのトッピングで愛されています。
甘く煮たいもや豆を入れると食感が豊かになり
腹持ちもよくなって満足感がアップしますよ。

蜜綠豆《ミールイドウ》

緑豆の甘煮

緑豆には体を冷やす効果があり、台湾では夏に好まれます。さっぱりして食べやすく、たくさん作ってアイスバーにしても◎。

花生湯《ホワシェンタン》

ピーナッツスープ

柔らかく煮たホクホクのピーナッツは極上のトッピング。コクを最大限に引き出したスープごと、ピーナッツを堪能して。

蜜薏仁《ミーイーレン》

ハトムギの甘煮

夏の定番はハトムギ。体を冷やしたり、むくみにも効くといわれています。もちっとしたつぶつぶの食感もいい感じ！

いも団子

材料｜約20個分

さつまいも（皮をむいて1cm厚さに切る）… 50g
水 … 大さじ1
三温糖 … 大さじ1
黒糖 … 大さじ1
A｜タピオカ粉 … 20g
　｜片栗粉 … 5g

a

作り方

1 さつまいもを5分ほど水（分量外）にさらす。耐熱容器に入れ、水を加え、ラップをして600Wの電子レンジで約2分加熱する（または約15分蒸す）。

2 水は捨てずに1を熱いうちにつぶして三温糖を加えよく混ぜる。Aを加えさらによく混ぜ、生地をまとめる（粉っぽい場合は水を、水っぽい場合はタピオカの粉を少量足して調整する）。

3 生地を直径約1.5cmの棒状に伸ばし、1cm長さに切る（a）。片栗粉（分量外）をまんべんなくふる。

4 鍋に沸騰させた湯（分量外）で3をゆで、浮いてきたらすくって水けをきり、熱いうちに黒糖とよく混ぜる。

あんこ入りいも団子

材料｜作りやすい量

いも団子の生地 … 10個分
小豆あん … 30g
黒糖 … 適量

作り方

1 小豆あんを3gずつに小分けして丸め、1時間ほど冷凍する。

2 いも団子の生地で1を包む。

3 鍋に沸騰させた湯（分量外）で2をゆで、浮いてきたらすくって水けをきり、熱いうちに黒糖とよく混ぜる。

さつまいもの甘煮

材料｜作りやすい量

さつまいも（皮をむいて小さめの乱切り）… 200g
A｜きび砂糖 … 60g
　｜ざらめ … 30g
　｜水 … ½カップ

作り方

1 さつまいもを5分ほど水にさらす。

2 耐熱皿に1をのせ、大さじ1の水（分量外）を加え、ラップをして600Wの電子レンジで約3分半加熱する（または約15分蒸す）。

3 小鍋に2とAを入れて火にかけ、沸騰したら弱火にして5〜7分ほど煮る。

緑豆の甘煮

材料｜作りやすい量

緑豆 … 100g
水 … 3カップ
きび砂糖 … ½カップ
塩 … 少々

作り方

1 緑豆をよく洗い、形が悪い豆を取り除く。

2 鍋に1と水を入れて火にかけ、沸騰したら弱火にして柔らかくなるまで30〜40分煮る。火を止めてふたをして約20分蒸らす。

3 温かいうちにきび砂糖と塩を加えて軽く混ぜ、粗熱が取れたら冷蔵庫で冷やす。

ピーナッツスープ

材料｜作りやすい量

生ピーナッツ
（粒が小さいもの）… 150g
塩 … 大さじ1
水 … 2と½カップ
砂糖 … 大さじ2
きび砂糖 … 大さじ3

作り方

1 ボウルにピーナッツを入れ、かぶるくらいの熱湯（分量外）を注ぎ、約30分おく。粗熱が取れたら水けをきって薄皮を取り、半分に割る。

2 1の量の約2倍の水（分量外）に塩を加えよく混ぜる。1を入れ、約2時間つけたら、ピーナッツをよく洗い、一晩冷凍庫に入れる。

3 鍋に水と2を入れて火にかける。沸騰したら弱火にして約1時間煮る。火を止めてふたをして約30分蒸らす。

4 砂糖ときび砂糖を加えて15分煮る。

ハトムギの甘煮

材料｜作りやすい量

ハトムギ … ½カップ
水 … 2と½カップ
砂糖 … 大さじ3

作り方

1 ハトムギを洗い、水けをきる。約2倍の水（分量外）に6時間〜一晩ほどつけておく。

2 鍋に1と水を入れ、火にかける。沸騰したら弱火にし、ときどき混ぜながら30分ほど煮る。火を止めてふたをして約30分蒸らす。

3 2の煮汁を半分に減らしてから再び火にかける。鍋肌にプツプツと小さな泡が出てきたら火を止め、砂糖を加えて軽く混ぜる。ふたをして冷めるまで蒸らす。

古早味蛋糕《グーザオウェイダンガオ》

台湾カステラ

焼きたてが一番おいしい台湾カステラ。
卵2個でできるからお財布にもやさしい！
オーブンから出してすぐ
中を割るときの音に耳をすましてください。
小さな泡が消えるシュワシュワという音が
おいしく焼けている合図です。

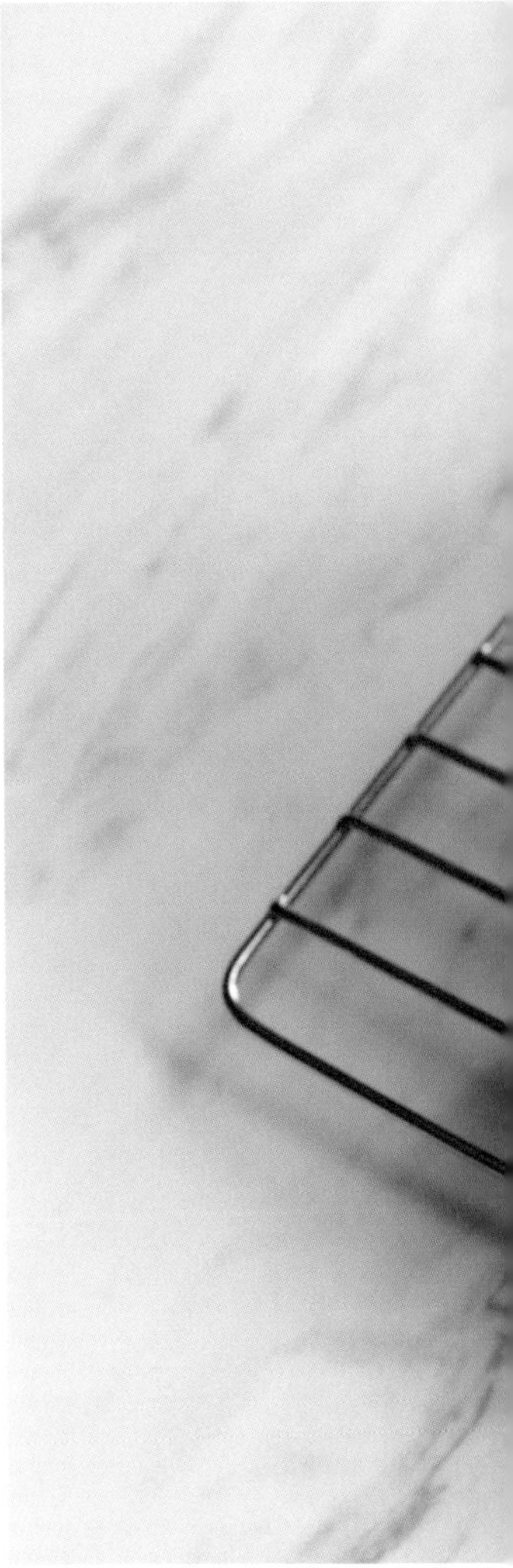

材料 | 約7×18cmの紙製パウンド型1台分

卵 … 2個
サラダ油 … 25mℓ
牛乳 … 25mℓ
薄力粉 … 30g
A | コーンスターチ … 小さじ1と½
  | ベーキングパウダー… 小さじ⅛
グラニュー糖 … 大さじ2
レモン汁または酢 … 少々
コーンスターチ … 小さじ½
＊卵は卵黄と卵白に分ける。卵白は使う直前まで冷蔵庫で冷やす。

台湾カステラ
のつづき

作り方

1 オーブンを120℃に予熱する。

2 サラダ油をボウルに入れ、湯せんで75℃まで温める（温度計がボウルに付かないように傾ける）。薄力粉をふるい入れ泡立て器でよく混ぜてから牛乳を加え、さらに混ぜる。卵黄を1個ずつ加え（a）なめらかになるまで混ぜたら、Aをふるい入れ、よく混ぜる。

3 別のボウルに卵白、レモン汁と⅓量のグラニュー糖を加え、ハンドミキサーでほぐすように混ぜる。残りの半量のグラニュー糖を加えて高速で混ぜ、全体が白くふんわりとしたら残りのグラニュー糖とコーンスターチを加え、柔らかいツノが立つまで高速で混ぜ、メレンゲを作る（b）。

4 3のメレンゲの⅓量を2のボウルに入れ（c）、泡立て器で軽く混ぜてから残りのメレンゲを入れ、ゴムベラで底から大きく返すようにして、ムラなくなめらかに混ぜる（d）。

5 紙製パウンド型に4の生地を流し入れ、表面をならす（e）。2〜3cmの高さから底を台に2回軽く打ちつけ空気を抜く。

6 120℃のオーブンで35分焼いたら、130℃に上げて10〜15分焼く。さらに170℃で焼き目が付くまで5〜10分焼く。オーブンから取り出し、台の上で一度持ち上げて軽く落とし、型から外す。

a

b

c

d

e

店頭で売られているチーズ入りのカステラ。大きな型に流し込んで焼き、
ナイフで切り分けたら出来あがり。

ペギーさんのお楽しみ

起司古早味蛋糕《チースーグーザオウェイダンガオ》

チーズカステラ

チーズを挟んだカステラは台湾っ子の定番おやつ。ほんのり甘い生地
の中にチーズの香りと塩けが加わり、リッチな味わいに変身!

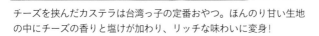

心太軟《シンタイルアン》

ナツメと餅のシロップ煮

「心が柔らかい」という名前のおやつ。
鉄分やミネラル、ビタミンが豊富で
女性の味方ともいわれるナツメの中に
柔らかな餅を入れたら
えも言われぬ高級な味に！
冷めないうちに召し上がれ。

材料｜10個分

干しナツメ … 10個
切り餅 … 1枚
きび砂糖 … 大さじ2

作り方

1 小鍋にナツメとひたひたになるくらいの水(分量外)を入れて火にかける。沸騰したらふたをして火を止め、約1時間おく。

2 ナツメが柔らかくなったら、ストローを挿して種を取り除き (a)、はさみで切り目を入れる (b)。種と煮汁はとっておく。

3 切り餅を10等分に切り、2のナツメに挟む (c)。耐熱皿に並べ、蒸し器で5分ほど蒸す。

4 ナツメの煮汁大さじ2と種、きび砂糖を小鍋に入れて火にかけ (d)、沸騰したら弱火にしてとろみがつくまで煮る。種を除いてから食べる直前に、蒸した3にかける。

a

b

c

d

酒釀湯圓《ジョウニアンタンユェン》

甘酒のあんこ団子スープ

台湾にも米麹で作る甘酒があります。白玉やキンモクセイの花のシロップを温かい甘酒に入れて食べます。中のあんこがとろり、日本の甘酒で、滋味あふれる体にやさしいデザートに。

材料｜4人分

小豆あん … 120g
白玉粉 … 100g
熱湯 … ½カップ
水 … ½カップ
甘酒（市販品）… 1カップ

作り方

1 小豆あんを8等分して丸め、冷凍庫で15〜20分ほど冷やし固めておく。

2 ボウルに白玉粉と熱湯を入れて箸で混ぜる。そぼろ状になったら水を加え、さらに混ぜる。手で生地を一つにまとめ、ボウルにラップをして室温で約3分寝かせたら、8等分して丸める。

3 2の団子の中央を指で押してくぼみを作り、1のあんをのせ、生地を伸ばしながら全体を丸く包む。

4 鍋にたっぷりの湯を沸かし、沸騰したら3を入れ、浮いてきたら取り出し、器に入れる。

5 別の鍋に甘酒を入れ火にかけて温め、4にかける。

酒釀湯圓加蛋《ジョウニアンタンユェンジャーダン》

卵入り甘酒のあんこ団子スープ

ペギーさんのお楽しみ

軽く沸騰させた甘酒に、溶き卵を加えた、かき玉風のアレンジがおすすめです。卵のコクとふんわりやさしい香りがプラスされ、体調がよくないときでもペロリと食べられます。

QQ球

キュウキュウチョウ

さつまいもの揚げ団子

揚げ油の中でぎゅっと押し付けることで
中が空洞になり、形がまん丸に。
薄くてサクッとした外側、
噛むともちもちの食感が楽しい！
熱々のうちに粉をふって
味変するのが今の流行りです。

材料｜作りやすい量

さつまいも（皮をむいて1cm厚さに切る）
…120g
水…大さじ2
タピオカ粉…30g
きび砂糖…大さじ1
抹茶粉（抹茶粉末＋砂糖）…各大さじ½
ココア粉（ココアパウダー＋砂糖）
…各大さじ½
粉チーズ…大さじ1

作り方

1 さつまいもを5分ほど水にさらす。耐熱皿にのせて水を加え、ラップをして600Wの電子レンジで約3分半加熱する（または約15分蒸す）。

2 水を捨てずに1を熱いうちにつぶしてきび砂糖を加えよく混ぜる。タピオカ粉を加えてさらによく混ぜ、生地をまとめる（粉っぽい場合は水を、水っぽい場合はタピオカ粉を少量足して調整する）。

3 生地を直径約2.5cmの棒状に伸ばし、2cm長さに切る。弱火で140〜150℃に熱した揚げ油（分量外）に入れ、生地どうしがくっつかないように箸で軽く混ぜる。浮いてきたら、180℃に上げ、お玉の背で生地を鍋底に押し付ける（a）。

4 押し付けるのを繰り返すうちに、生地が丸く膨らんで焼き色が付いたら取り出し、余分な油をきって袋などに入れ、お好みの粉をふる。

a

鳳梨酥&鳳梨蘿蔔酥

フォンリースー&フォンリーロウボウスー

パインと大根、2種あんのパイナップルケーキ

パイナップルケーキのあんには、大根や冬瓜などが使われていることも多いです。面倒なあん作りの工程を短縮、生地も2種類でオリジナルケーキを作りましょう。

材料｜各12個分

パイナップルあん
- パイナップル（皮をむく）… 500g
- きび砂糖 … 60g
- 水あめ … 40g
- 無塩バター… 10g

大根パイナップルあん
- パイナップル（皮をむく）… 250g
- 大根（皮をむく）… 250g
- きび砂糖 … 80g
- 水あめ … 40g
- 黒糖 … 大さじ1
- レモン汁 … 小さじ1
- 無塩バター… 10g

抹茶生地
- 無塩バター… 90g
- 粉糖 … 30g
- 塩 … 少々
- 練乳 … 15g
- 溶き卵 … 20g
- スキムミルク … 10g
- 抹茶粉末 … 3g
- 薄力粉 … 140g

チーズ生地
- 無塩バター… 90g
- 粉糖 … 30g
- 塩 … 少々
- 練乳 … 15g
- 溶き卵 … 20g
- スキムミルク … 10g
- 粉チーズ … 5g
- 薄力粉 … 140g

いろいろな型で作るパイナップルケーキ

ペギーさんのお楽しみ

専用の型がなくても大丈夫。マドレーヌやフィナンシェの型、アルミカップやシリコン型などでも代用可。手で好みの形にしても。

二章 台湾おやつとドリンク

パイナップルあん

作り方

1 パイナップルは芯を切り落とし、ざっくり刻む。果肉は大きめに切る（a）。果肉をミキサーにかけ、濾し袋や清潔な洗濯ネットなどで果汁を搾る。搾ったあとの果肉はとっておく。

2 1の果汁と芯の部分をミキサーで細かくかくはんしたら、フライパンに入れて火にかけ煮詰める。水分がほぼなくなったら果肉を加え（b）1分ほどかき混ぜ、きび砂糖を加えてさらにかき混ぜる。

3 水分が減ったら水あめを加えて練り込む。全体が固まったら無塩バターを加えてさらに練り込む。

4 網などにクッキングシートを敷き、3を平らに広げて冷ます。手袋をして12等分にして一つずつ丸める（c）。

a

b

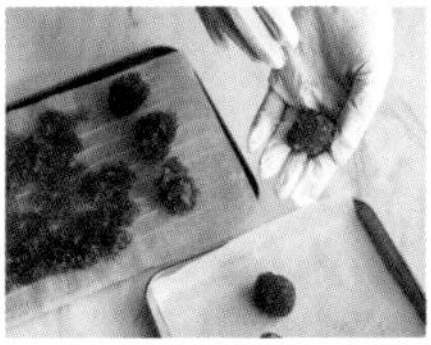
c

大根パイナップルあん

作り方

1 パイナップルは芯を切り落とし、ざっくり刻む。果肉は大きめに切る。果肉をミキサーにかけ、濾し袋や清潔な洗濯ネットなどで果汁を搾る。搾ったあとの果肉はとっておく。

2 大根を一口大に切り、ミキサーにかけ千切りとおろしの中間程度まで細かくする。濾し袋や清潔な洗濯ネットなどに入れて絞り、汁は捨てる。

3 1の果汁と芯の部分をミキサーで細かくかくはんしたら、2の大根とともにフライパンに入れて火にかけ煮詰める。水分がほぼなくなってきたら果肉を加えて1分ほどかき混ぜ、きび砂糖を加えてさらにかき混ぜる。

4 水分が減ったら水あめと黒糖、レモン汁を加えて練り込む。全体が固まったら無塩バターを加えてさらに練り込む。

5 網などにクッキングシートを敷き、4を平らに広げて冷ます。手袋をして12等分にして一つずつ丸める。

チーズ生地

作り方

1 抹茶生地の作り方1〜3と同様にする。

2 生地にスキムミルクと粉チーズを入れてよく混ぜたら、薄力粉をふるい入れ、粉っぽさがなくなるまでよく混ぜる。25gずつ小分けして丸める。

抹茶生地

作り方

1 無塩バターを室温に戻す（または600Wの電子レンジで10秒ほど温める）。

2 ボウルにバター、ふるった粉糖と塩を入れてよく混ぜる。

3 2のボウルに練乳を加え、なじむまでヘラでよく混ぜてから、⅓量の溶き卵を加えて生地となじむまでよく混ぜる。残りの溶き卵も同じ要領でよく混ぜる。

4 3にスキムミルクを入れてよく混ぜたら、抹茶粉末と薄力粉をふるい入れ、粉っぽさがなくなるまでよく混ぜる。25gずつ小分けして丸める。

成型と焼き方

1 オーブンを170℃に予熱する。

2 丸くした生地の中央を指で押してくぼみを作り、手の中で回しながら両方の親指を使ってポケットを作る。あんをポケットにのせ（d）、親指と人差し指で作った輪の中にもう片方の手で押し込むようにして生地を伸ばしながら包む（e）。割れ目や隙間がないようにきれいにならしておく。

3 型の中に2をはめたら天板の上に置き、押し棒で上から押して成型する（f）。170℃のオーブンで約20分焼く。オーブンから取り出したら、すぐに裏返して型を外す。

d

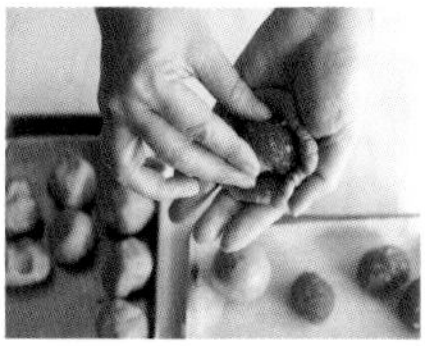
e

f

烏龍茶凍拿鐵

ウーロンチァードンナーティエ

ウーロンゼリーラテ

ウーロン茶で作るゼリーとミルクの味が
不思議とよく合います。見た目も涼やかな一品。

珍珠奶茶

ツェンズーナイチァー

タピオカミルクティー

台湾ドリンクの代名詞、タピオカミルクティーは
紅茶をしっかりシェイクすると格別のおいしさ！

黒糖珍珠鮮奶

ヘイタンツェンズーシェンナイ

タピオカ黒糖ミルク

手軽な冷凍タピオカでドリンク作りに挑戦。
グラスに黒蜜を絡めるだけでおしゃれな印象に。

ウーロンゼリーラテ

材料｜2杯分

A｜ウーロン茶（市販品）…2カップ
きび砂糖…大さじ2

粉ゼラチン…5g
オリゴ糖…小さじ2
氷・牛乳・ウーロン茶…各適量

作り方

1 小鍋にAを入れて熱し、砂糖が溶けて鍋肌がふつふつしてきたら火を止めて粉ゼラチンをふり入れる。ゼラチンが完全に溶けるまでよく混ぜ、保存容器に注ぎ、表面の泡をスプーンの背などでつぶす。冷蔵庫に入れて3時間以上冷やし固める。

2 1をれんげなどで薄く削ぐようにすくってグラスに半量ずつ盛り、オリゴ糖の半量と氷を加えて、上から牛乳とウーロン茶を注ぐ。

タピオカミルクティー

材料｜2杯分

タピオカ（市販品）…適量
黒糖…大さじ1
紅茶ティーバッグ…2個
熱湯…1と½カップ
オリゴ糖…小さじ2
氷…½カップ
牛乳…1カップ

a

作り方

1 タピオカをパッケージの表示通りにゆでる。水けをきって黒糖をまぶす。

2 カップにティーバッグを入れ、熱湯を注ぎふたをして6分待つ。

3 グラスに1を半量ずつ入れて、2、オリゴ糖を半量ずつ注ぐ。

4 ふた付きの保温瓶などに牛乳と氷を入れ、ふたを閉めて30〜40回振り、3の上からゆっくり半量ずつ注ぐ（a）。

タピオカ黒糖ミルク

材料｜1杯分

タピオカ（市販品）…適量
黒糖…適量
黒蜜…適量
牛乳…1カップ

a

作り方

1 タピオカをパッケージの表示通りにゆでる。水けをきって黒糖をまぶす。

2 グラスに1と黒蜜を入れ、グラスを回しながら傾けて内側に黒蜜を絡める（a）。上から牛乳を注ぐ。

すいか&チーズフォーム

材料　2杯分

すいか … 300g

A
- オリゴ糖 … 大さじ1
- 氷・水 … 各½カップ

B
- クリームチーズ（室温に戻す）… 大さじ½
- 砂糖 … 大さじ½
- 塩 … 少々
- 生クリーム … 大さじ4
- 牛乳 … 大さじ2

作り方

1 すいかは角切りにし、種を取る。

2 1とAをミキサーに入れ、なめらかになるまでかくはんし、グラスの高さ8割まで注ぐ。

3 Bをミキサーまたは泡立て器でなめらかになるまでよくかき混ぜる。2のグラスの上からゆっくり注ぐ。

マンゴー&ココナッツとタピオカ

材料　2杯分

マンゴー… 1個

グレープフルーツ … ¼個

小粒タピオカ（サゴ）… ¼カップ

A
- 牛乳・ココナッツミルク … 各1カップ
- 砂糖 … 大さじ½

作り方

1 鍋に湯を沸かし、タピオカを入れて軽く混ぜる。タピオカが浮いてきたら中弱火で10分ゆで、ふたをして15分ほど蒸らす。冷ましてから水けをきる。

2 マンゴーの種に沿って包丁を入れ、3枚に切る。マンゴーの切り口の皮と実の境目にコップのふちを当て、力を入れて滑らせるように皮をむく（a）。

3 マンゴーの果肉の⅓を1㎝の角切りにする。グレープフルーツは皮と薄皮を取り、実を細かくほぐす。上にのせる分を少し分けておく。

4 残りのマンゴーとAをミキサーなどに入れてなめらかになるまでかくはんする。

5 グラスに3のマンゴー、1のタピオカ、3のグレープフルーツ（すべて半量）を順にのせ、上から4を注ぎ、分けておいた3のマンゴーとグレープフルーツをのせる。

a

西瓜奶蓋《シーグァナイガイ》

すいか＆チーズフォーム

屋台でおなじみの
すいかジュースに
甘じょっぱいチーズの
泡をトッピング！

楊枝甘露《ヤンズーガンルー》

マンゴー＆ココナッツとタピオカ

まるでパフェのような
見た目も美しい
スイーツドリンク。
いろんな食感が楽しめます。

シシリアンコーヒー

材料｜2杯分

アイスコーヒー… 1カップ
レモン汁 … 50mℓ
オリゴ糖 … 大さじ2
氷 … 適量

作り方

1 グラスにレモン汁とオリゴ糖を半量ずつ入れてよく混ぜる。

2 ふた付きの保温瓶などにアイスコーヒーと氷を入れ、ふたを閉め30〜40回振り、1のグラスにゆっくりと注ぐ。

※炭酸水を加えてもおいしい。

パッションフルーツタピオカ緑茶

材料｜2杯分

パッションフルーツタピオカ（p.94）
… 適量
A パッションフルーツソース（市販品）
… 大さじ1
オレンジジュース … ½カップ
緑茶（または好みのお茶）… 1カップ
オリゴ糖 … 小さじ2
氷 … 適量

作り方

1 パッションフルーツタピオカと氷を半量ずつグラスに入れておく。

2 ふた付きの保温瓶などにAを入れ、ふたを閉め30〜40回振り、1のグラスに注ぐ。

西西里咖啡《シーシーリカーフェイ》

シシリアン コーヒー

シシリアンとはイタリア・シチリア島のこと。
レモンとコーヒーの組み合わせが台湾で大ブームに！
酸味と甘み、ほろ苦さが絶妙な夏の味。

百香果珍珠緑茶《バイシャングォツェンズーリーチァー》

パッションフルーツ タピオカ緑茶

オレンジジュースを緑茶と合わせたベースに
パッションフルーツのタピオカを加えた
台湾らしい爽やかなデザートドリンク。

台湾おやつのトッピング

豆花店やかき氷店などの店頭に必ず並んでいるトッピングたち！もちもちのタピオカ系から甘く煮たいもや豆類、変わり種はプリンなど、どのお店でもたいてい10～15種類程度が揃っていて、好きなものが選べます。

いも・豆

種類がたくさんあって迷いそうですが、それぞれ味や食感が全然違います。

蜜地瓜《ミーディーグア》

さつまいもの甘煮

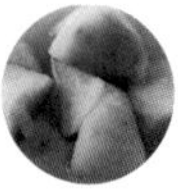

蜜芋頭《ミーウィートウ》

タロイモの甘煮

紅豆《ホンドウ》

小豆

綠豆《ルイドウ》

緑豆

花生《ホワシェン》

ゆでピーナッツ

薏仁《イーレン》

ハトムギ

麥片《マイピェン》

大麦

花豆《ホワドウ》

花豆

タピオカ系

もちもち系のスター選手。
どれか一つは絶対にトッピングしたい！

黒糖珍珠《ヘイタンツェンズー》
黒糖タピオカ

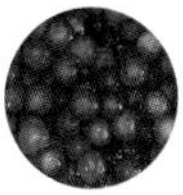

彩色QQ圓《ツァイスーキュウキュウユェン》
カラフルタピオカ

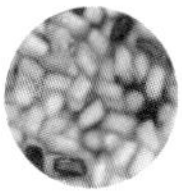

芋圓《ユーユェン》
さつまいも団子、タロイモ団子

粉粿《フングェ》
もちもちゼリー

ゼリー系

ぷるぷるつるんと口の中で楽しい食感。
台湾らしい味が揃います。

愛玉凍《アイユイドン》
愛玉子（オーギョーチー）

椰果《イェーグォ》
ナタデココ

茶凍《チャードン》
お茶ゼリー

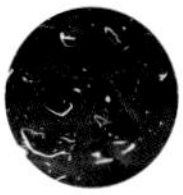

仙草凍《シェンツァウドン》
仙草ゼリー

ソース

せっかくなら選んだ
トッピングに合わせて
ソースにもこだわりたい。

芒果醤《マングォジャン》
マンゴーソース

百香果醤《バイシャングォジャン》
パッションフルーツソース

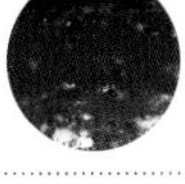

黒糖糖水《ヘイタンタンスェイ》
黒糖シロップ

その他

デザートもトッピングの一つに
してしまう台湾人の度量の広さ。

布丁《ブーディン》
プリン

杏仁豆腐《シンレンドウフウ》
杏仁豆腐

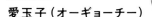

日本で買える台湾食材

冷凍技術の進歩や、流通の発達のおかげで台湾の食材も日本で気軽に買えるようになりました。朝ごはんやおやつに使える私のおすすめ食材を紹介します。

手に入りづらかった台湾の食材が、最近ではカルディなどの輸入食材店や中華食材専門店、ネットスーパーなどで手軽に入手できるように。特に肉類は国内への持ち込みが禁止なので、日本にいながら買えるのはうれしいですね。

台湾ソーセージ（台灣香腸）aは、甘い味付けでスパイスが香る逸品。そのまま焼いてもおいしいですが、おにぎりやパンの具にもピッタリです。タピオカ（珍珠）は、日本で主に2種類あり、業務スーパーで人気の冷凍タピオカbはお湯でさっとゆがくだけの便利さ。お財布にやさしい乾燥タピオカはゆで時間が長めですがスーパーでも買えます。乾燥ナツメ（紅棗）

cは鉄分が豊富で血液循環を促進する、台湾人が好む漢方食材。豆花粉dは、豆乳を固めるための石膏（硫酸カルシウム）を含む粉で、これで作る豆花は温かくしても食べられます。仙草粉eはハーブを乾燥させて煮出した汁を粉状にしたもの。清涼な味わいと香りが特徴で、暑い季節に特に人気がありスープなどにも使います。そのほか、とろみしょうゆ（醤油膏）やスイートチリソース（甜辣醤）などのソース類も見かけるようになりました。ぜひ料理に使ってみてください！

台湾ソーセージ「黒橋牌香腸」は誠品生活日本橋（www.eslitespectrum.jp）にて購入できます。また、Amazonでも購入可、「黒橋牌台湾ソーセージ」で検索を。

緑豆

緑豆は台湾では夏の時期によく食べる豆です。利尿作用があり、体の余計な熱を冷ますといわれており、むくみにもいい食材。夏バテで食欲がないときにも重宝します。

愛玉子

オーギョーチーは台湾に自生する植物の種子から作るゼリー。布袋に入れて水の中で約10分揉むとゼラチン質が溶け出してゼリーができます。はちみつレモンがよく合います。

タピオカ粉

もちもち系スイーツなどでよく使うキャッサバ粉。弾力がある食感を生み出すので台湾料理に必須の食材です。台湾のパッケージには「木薯粉」「地瓜粉」などと書かれています。

タロイモ

台湾のタロイモは甘みがあってほくほくとした食感が特徴的。独特の風味が、蒸したり煮たりすると引き立ちます。日本では揚げてから冷凍したものが比較的手に入りやすいです。

おわりに

台湾に来てくださる外国人旅行客も徐々に増えてきました。コロナ禍がやっと明けてきたんだなあと感じています。

久しぶりに台湾に来る日本人の方もたくさんいて、やはり皆さんが愛する台湾料理は定番のルーロウ飯や屋台料理。そして、毎日必ず食べに行くのが朝ごはんとおやつなんですね！

朝、ホテルから外に出て、いろんな種類の中から悩んでチョイスした出来たての朝ごはんを食べ、午後は歩き疲れたらドリンクやおやつで一息入れる、そんな食べまくりの時間は台湾旅の醍醐味です。

この数年の間に、台湾の「食」はますます進化しています。朝ごはんなら、生地にドラゴンフルーツを練り込んだピンク色のダンビンやハッシュドポテトを巻いたダンビン、台湾式おにぎりの中にまるまる一個のピータンを入れてみたり。若い料理人が昔ながらの朝食に新しいアイデアを取り入れたオシャレな店も増えました。

おやつやブランチなら、塩漬け卵入りの台湾風キッシュや、タピオカをたっぷりトッピングしたパンケーキ、生地に青ねぎを入れたワッフルといった意外な組み合わせのものから、甘いタイ式ミルクティーをかける豆花、タピオカ入りのエッグタルトなどなど。

どうですか？　台湾であれもこれも食べたい！と思いましたか？皆さんにも台湾でおいしいものをどんどん食べてほしいと思います。

台湾の豆乳店とお粥店は、夜の時間帯に開店し翌日のお昼まで営業しているお店が多いことをご存じでしょうか。台湾に来て、もし夜中にお腹が空いても、こうした朝食店が皆さんの味方でいることをお忘れなく。このレシピ本を見てご自身で作った朝ごはんやおやつと、本場の味を食べ比べてくれたらうれしいです。皆さん、これからも台湾にたくさん遊びに来てくださいね。私の台湾の新しいキッチンスタジオでお待ちしています！

最後に。これまで3冊もの台湾レシピの本を刊行させていただきましたことは、本当に夢のようです。たくさんの方々のお力添えでここまで来られました。今回は家族のおかげで夢にまで見た台湾での撮影が実現しました！　原ヒデトシさんの写真からは台湾の活気や熱量を感じることができ、大感激です。撮影時はあいにくの天気で、寒い中歩き回り、体を震わせながらかき氷をたくさん食べたこともいい思い出です。

これからも日本の皆さんに台湾を知っていただき、台湾の食文化をもっともっと盛り上げる活動を頑張っていきたいと思います。

２０２４年4月　ペギー・キュウ

ペギー・キュウ（邱 珮宜）

台湾料理研究家。日本やオーストラリアでの留学経験があり、堪能な日本語での料理教室が日本人旅行者から大人気。2017年、台湾中餐丙級證照（台湾国家試験調理師資格）を取得。士林市場近くのスタジオで料理教室を行うほか、日本で台湾お菓子の店「好日子台菓子」を開店準備中（2024年4月現在）。著書に『日本の調味料と食材で作る ペギーさんのおいしい台湾レシピ』、『決定版！ 日本の調味料と食材で とっておきペギーさんの台湾レシピ』（ともに小社刊）。
ホジャ・キッチン（日本語対応）：https://hojakitchen.stores.jp
インスタグラム：@peggy_taiwancooking
好日子台菓子：https://holiji-tw.com/

ペギーさんの
台《たい》湾《わん》朝《あさ》ごはんとおやつ

2024年5月2日　初版発行

著者／ペギー・キュウ

発行者／山下 直久

発行／株式会社KADOKAWA
〒102-8177　東京都千代田区富士見2-13-3
電話　0570-002-301（ナビダイヤル）

印刷所／TOPPAN株式会社

製本所／TOPPAN株式会社

●お問い合わせ
https://www.kadokawa.co.jp/（「お問い合わせ」へお進みください）
※内容によっては、お答えできない場合があります。
※サポートは日本国内のみとさせていただきます。
※Japanese text only

定価はカバーに表示してあります。

ISBN 978-4-04-897749-4　C0077